本成果受到中國人民大學二〇二二年度「中央高校建設世界一流大學（學科）和特色發展引導專項資金」支持

上古漢語位移事件詞化模式及其歷史演變

華建光　著

鳳凰出版社

圖書在版編目（ＣＩＰ）數據

上古漢語位移事件詞化模式及其歷史演變 / 華建光著. -- 南京 : 鳳凰出版社, 2023.12
ISBN 978-7-5506-4030-6

Ⅰ. ①上… Ⅱ. ①華… Ⅲ. ①古漢語—研究 Ⅳ. ①H109.2

中國國家版本館CIP數據核字(2023)第225067號

書　　名	上古漢語位移事件詞化模式及其歷史演變
著　　者	華建光
責任編輯	孫　州　張　沫
裝幀設計	陳貴子
責任監製	程明嬌
出版發行	鳳凰出版社(原江蘇古籍出版社) 發行部電話025-83223462
出版社地址	江蘇省南京市中央路165號,郵編:210009
照　　排	南京凱建文化發展有限公司
印　　刷	江蘇鳳凰數碼印務有限公司 江蘇省南京市栖霞區堯新大道399號,郵編:210038
開　　本	880毫米×1230毫米　1/32
印　　張	6.75
字　　數	163千字
版　　次	2023年12月第1版
印　　次	2023年12月第1次印刷
標準書號	ISBN 978-7-5506-4030-6
定　　價	98.00圓 (本書凡印裝錯誤可向承印廠調換,電話:025-57718474)

目 録

引　言

“位移(motion)”是我們生活中最早和最基本的經驗之一,我們每天都在經歷或目睹位移場景(Johnson,1987)。而“位移事件(Motion event)”則是人們對這些位移經驗進行概念化後在人腦中形成的意象框架,指的是某一實體(Entity)相對於另一實體,從一個空間位置轉移到另一個空間位置的運動事件。

顯然,位移事件是我們空間認知系統的一個重要組成部分,是心理學、神經學、語言學等多個學科共同關注的課題。目前,學界主要圍繞以下三個基本問題展開研究:一是位移事件的認知機制,即人們是如何將位移經驗結構化和範疇化,相關研究如 Rakison(2005)、Mak & Vera(1999);二是位移事件的表達機制,即人們如何用語言和非語言(手勢、手語等)來表達自己所構建的位移事件,相關研究如 Talmy(1985,2000)、Choi & Bowerman(1991)、Zheng & Goldin-Meadow(2002);三是位移事件認知機制和表達機制之間的關係具體如何,即表達機制多大程度上體現了認知機制,又在多大程度上反作用於認知機制,相關研究如 Poizner 等(1989)、Levinson 等(2003)、Kaschak 等(2005)、Gennari 等(2002)。

相對而言,語言學家最爲關注的則是位移事件的語言表達機制，即所謂的“位移事件詞化模式(The Lexicalization Patterns of Motion Event)”。“Lexicalization”在英語研究文獻中有兩個意思：一是指“語言用詞彙或語法手段表達認知概念及其結構的方式”(Talmy,1985)；二是指大於詞的語言單位凝固成詞的過程。我們所説的“Lexicalization”，指的是前者；後一種意義的“Lexicalization”，我們用“詞彙化”來對譯。因此，“位移事件詞化模式”主要研究的是，語言用詞彙或語法手段表達位移事件的方式。這方面影響力最大的是 Talmy(1985)創立的詞化理論。該理論已被廣泛運用於分析各種語言位移事件的詞化模式，並且被證明總體上是一個成功的分析框架，只在一些局部還需要改進和補充（Aske, 1989; Choi & Bowerman, 1991; Slobin, 1996; Levinson & Wilkins,2006)。

就漢語而言，運用 Talmy 詞化理論研究位移事件是近十年的事情，主要成果有 Li(1993,1997)、Peyraube(2006)、黄錦章(2008)、馬雲霞(2008)、Chu(2004)和 Chen(2005)、李雪(2011)、史文磊(2015)等。Chu(2004)和 Chen(2005)研究的都是現代漢語。黄錦章(2008)研究了上古漢語位移成分的合併編碼機制，限於單篇論文，描述還不够全面，分析也還可更深入一步。馬雲霞(2008)主要關注的是漢語位移事件詞化模式的歷史演變，尤其是位移動詞的更替、趨嚮補語的産生以及引介空間介詞的變化，但對上古漢語只是概略地描述了一下，對各種歷史演變的關聯性關注得也不多。史文磊(2015)在類型學框架的參照下對漢語運動事件的各類語義要素及其表層編碼結構作了歷時描寫，考察了不同歷史時期動詞的詞義結構的類型特點，即漢語在運動事件詞化模式方面的歷史演變。

而在引入 Talmy 詞化理論之前，學者們主要是從詞類角度來分别研究跟位移事件密切相關的三個詞類：位移動詞、方位詞和介詞。這些研究雖然或多或少能從不同側面展現漢語位移事件的詞化模式,但最大的局限在於:由於缺乏一個統一的描寫和分析框架,所以很少注意到各詞類在位移事件詞化模式中的分工和合作,也很少去關注同一詞類内部不同語言現象之間的關聯。比如,崔達送(2005)考察了位移動詞"來""往""去""上""下""出""入""進"的入句情況,分析了這些動詞進入單動句、連動結構和動補結構三個方面的歷史演變。而馬貝加(2002)則分析了漢語介詞的歷史演變,其中包括"從、往"等位移動詞的介詞化。但是,我們還没有見到統一解釋位移動詞充當補語和介詞化的嘗試。又如,許多學者都探討了"去"由"離開"產生"前往"義的過程(如楊克定,1992;王國栓,2003),"進"發展出"入"義的過程(如李宗江,1997、1999;董志翹,1998;汪維輝,2001)。可這兩種演變具體來説又是哪些方面發生了變化?這些變化是否存在統一的推動機制?對於這些問題,我們也没有見到相關的探討。

因此,我們嘗試運用 Talmy 的詞化理論,從詞義和句法層面統一描寫和分析位移動詞、介詞、方位詞在位移事件詞化中的作用,探討上古漢語的詞化模式到底屬於哪一類型,在歷史演變中是否發生了類型轉變。具體來説,我們分成兩大部分。第一部分主要是立足於由 14 部上古傳世文獻構成的語料庫,共時描寫和分析上古漢語位移事件的詞化模式,包括詞義層面位移成分的編碼機制以及句法層面位移詞語的配位規則。第二部分則歷時描寫和分析上古漢語位移事件詞化模式的歷史演變,也包括詞義和句法兩個層面。其中,以"去""進"爲個案,討論了位移動詞詞義變化的過程和機制;以"至、往"爲個案,分析了位移動詞句法變化(確切地説是及物化)的過程和機制;最後還討論了後置方位詞的使用頻次和强制度。

第一項任務的主要目標是確定上古漢語位移事件詞化模式

的類型歸屬。根據位移事件的詞化模式,Talmy 前期以位移動詞爲中心,把語言分爲方式類語言、路徑類語言和動體類語言。後期,他以位移事件核心成分[路徑]爲中心,把語言分爲兩類:動詞構架語言和附加語構架語言。根據共時描寫和分析來看,上古漢語存在大量同時編碼[路徑]和[方式]的位移動詞,因而不適用第一種分類;而就第二種分類而言,上古漢語[路徑]這一位移事件核心成分主要由小句的主要動詞來表達,因而屬於動詞構架語言。

而第二部分的研究則表明,漢語[路徑]的表達手段經歷了如下的重大變化:上古漢語主要由作小句謂語的位移動詞來表達,進入中古之後則逐漸變爲由介詞、後置方位詞和作補語的位移動詞來表達。因此,根據 Talmy 的第二種分類,漢語位移事件的詞化模式有一個從動詞構架變爲附加語構架的過程。不過,結合第二至第四章疊置在共時層面的演變結果,我們認爲上述句法層面體現出來的類型轉變可以跟位移動詞的詞義變化放在一起,用詞義句法的互動來統一解釋。從詞義層面看,漢語位移動詞編碼位移事件總體上是越來越粗略,這導致句法格式變得越來越複雜,刺激了連動式的長足發展;反過來,連動式的發展以及之後的單核化又導致了方式動詞的副詞化,前位路徑動詞的介詞化,以及後位路徑動詞的補語化乃至助詞化。至於後置方位詞和空間介詞的大量使用,實際上是爲了分擔原先主要由路徑動詞表達的[構象]和[向量]。簡而言之,這種詞義句法互動的總原則就是:詞義層面儘可能讓每一個位移動詞少編碼一些位移成分;句法層面儘可能讓不同的詞(或句法成分)分擔不同的位移成分。

第一章　上古漢語位移動詞語義成分的編碼(上):動體、背景、方式的合併編碼

位移事件的詞化可以分解成兩個層面:首先是位移成分編碼爲詞,這是從概念成分(語義成分)到詞的過程,屬於詞以下層面;其次是跟位移表達相關的詞按照一定的配位規則組合成句子,這是從詞到句子的過程,屬於句法層面。前者是本章及下一章的研究内容,後者則是第三章的研究内容。

第一節　位移事件的詞義成分

根據 Talmy 的詞化理論,位移事件是一個由移動(Move)、動體(Figure)、背景(Ground)和路徑(Path)四個基本語義成分(basic semantic component)構成的框架,其中:

移動(M):指某實體物理位置的變化;

動體(F):指相對另一實體而言發生位移的實體;

背景(G):指確定動體發生位移的參照實體;

路徑(P):指動體相對於背景所採取的移動路綫,指明了動體的移動方嚮。

在上述四大位移事件内部成分(Inner component)中,動體和背景是一對彼此相互定義對方的概念,路徑則是位移事件中最

核心的組成要素。除此之外，位移事件還可以與伴隨事件（Co-event）的外在語義成分聯繫在一起，其中最常見的外部成分就是方式（Manner）和使因（Cause）。

第二節　位移成分的獨立編碼與合併編碼

具體來看，移動、動體、背景、路徑、方式五種位移成分①可以採取兩種編碼方式：一是單一式編碼，此時所得的詞只含有移動、動體、背景、路徑、方式中的一種；二是合併式編碼，即將多個語義成分打包編碼在一個詞裏。從總體上看，動體、背景主要採取單一式編碼；移動則絕大多數情況下都採取合併式編碼，方式、路徑則兩種編碼方式都很常用。比較：

（1）（孔子）徐行翔佯而歸，絕學捐書，弟子無挹於前，其愛益加進。（《莊子・山木》）

（2）孔子觀於吕梁，縣水三十仞，流沫四十里，黿鼉魚鱉之所不能游也。見一丈夫游之，以爲有苦而欲死也，使弟子並流而拯之。（《莊子・達生》）

（3）楚子登巢車，以望晉軍。（《左傳・成公十六年》）

（4）鄭大旱，使屠擊、祝款、豎柎有事於桑山。斬其木，不雨。（《左傳・昭公十六年》）

（5）九月丁卯，晉荀吳帥師涉自棘津，使祭史先用牲于雒。（《左傳・昭公十七年》）

例（1）成玄英疏："徐步而歸，翱翔閒放，逍遥自得。"《説文・行部》："行，人之步趨也。"段注："步，行也。趨，走也。二者一徐一

① 我們之所以除了考察四大内在位移成分，還考察［方式］這一外圍位移成分，是因爲這直接關涉上古漢語位移事件詞化模式的類型判定。

疾,皆謂之行。統言之也。"《彳部》:"徐,安行也。"《辵部》:"遲,徐行也。"《廣雅・釋詁四》:"徐,遲也。"《釋詁二》:"遲,緩也。"從《説文》訓釋看,"徐"和"遲"的本義都包含了[方式]和[移動],但在先秦用例中,它們一般只表示[方式],即遲緩、緩慢,《孟子・告子下》:"徐行後長者,謂之弟;疾行先長者,謂之不弟。""徐"和"疾"相對,都作"行"的副詞。因此,此例"徐行翔佯而歸",動詞"行"只編碼了[移動][1],副詞"徐"只編碼了[方式],屬於單一式編碼。例(2)成玄英疏:"至於水族,尚不能游,况在陸生,如何可涉!"《玉篇・水部》:"游,浮也。"《尚書・君奭》"若游大川",孔疏:"《詩》云'泳之游之',《左傳》稱'閻敖游涌而逸',則'游'者,入水浮渡之名。"例(5)《説文・沝部》:"涉,徒行濿水也。"段注:"濿,或砅字也。砅本履石渡水之偁,引申爲凡渡水之偁。"可見,在例(2)和例(5)中,[移動]和[方式]這兩個位移成分先打包在一起,然後分别編碼爲動詞"游"和"涉",屬於合併式編碼。例(5)中介詞"自"只編碼了[路徑]([向量]中的[離開]),屬於單一式編碼;而在例(3)中,[路徑]和[移動]這兩個位移成分打包在一起,編碼爲動詞"登"([向上]+[移動]),屬於合併式編碼。至於[動體]和[背景],它們主要是由名詞或名詞性成分(NP)來表達,但有時也與[位移]等打包在一起編碼爲動詞,如例(4)動詞"雨"就是編碼了[雨水]這一動體,例(2)和例(5)的"游"和"涉"除了[移動]和[方式]之外,還編碼了[水域]這一背景。

從上面的例子,我們可以看出:當採取合併式編碼時,必不可少的語義成分是[移動],所以上述這些詞均爲位移動詞,此時其他語義成分則既可以只併入一個,也可以同時併入二個、三個甚至四個。因此,本章和下章將基於位移動詞,着重討論位移成分

---

① 凡詞語以" "標識,語義概念必要時則以[ ]標識。

的合併編碼模式，其中第一章將分析動體、背景、方式的合併編碼模式，第二章則分析路徑的合併編碼模式。而跟單一式編碼相關的詞彙資源主要是名詞、副詞、方位詞和介詞，這些詞所編碼的位移成分單一，但句法配位却比較多樣，所以放在第三章結合句法配位來討論。

第三節　動體、背景的合併編碼

如前所述，一個位移事件主要包括移動、動體、背景、路徑和方式五種位移成分，其中動體、背景主要採取單一式編碼，而移動主要採取合併式編碼，移動和動體、移動和背景、移動和方式、移動和路徑合併編碼的方式都很常用。本節在對實體進行分類的基礎上，分析和探討移動和動體、背景、方式的合併編碼模式。

一、實體的分類

我們知道，對於一個位移事件，最爲重要的、首要關注的是實體的動向（where to move）。既然如此，那麼那些易動的實體自然就成了動體的首選；相應地，那些不易動的實體，因爲位置比較固定，也就成了背景的首選。這麼來看的話，在位移事件中，某個實體到底是合併動體還是背景，這跟實體本身的可移動性（Movablility）有關。因此，我們根據可移動性，先把實體分成以下四類（部分參考了 Chengzhi Chu，2004：60—82）：

自控移動體：有意志，可以自行控制自己的軀體移動，如人類和動物（鳥、魚、馬等）；

自動移動體：没有意志，但可以自然而然地發生或經歷某些位移動作，如天上的日、月、雨、雪，地上的流水以及花、果、葉等植

物部件;[①]

他控移動體:没有依附在某一固定位置,在没有外力作用下一般處於静止狀態,並且在人的控制下可以輕易發生位移,如車、船、杯、兵器等;

不易動實體:依附於某一固定位置,若没有外力(有些需要很大的外力)一般不會發生位置變化,如草、木、山、丘、江、湖、宫、室、城、國等。

顯然,自控移動體是動體的首選,不易動實體則是背景的首選。相應地,最容易以動體身份併入動詞語義結構的是自控移動體,最容易以背景身份併入動詞語義結構的則是不易動實體。

二、[移動+動體]

在編碼動體的位移動詞中,動體爲自控移動體者最多,其次是自動移動體,他控移動體和不易動實體很少見。

在自控移動體中,人們最明顯的感覺就是,鳥和魚與人、獸的位移很不一樣:鳥主要在空中,位移靠的是翅膀的振動;魚主要在水域,位移靠的是尾巴的擺動;而人和獸主要是在陸地上,位移靠的是脚的移動。因此,人們爲鳥的位移專門造了詞。《説文·飛部》:"飛,鳥翥也。"段注:"《羽部》曰:'翥者,飛舉也。'"同時,魚在水中的位移有專門的詞表示,《方言》卷十:"潛,游也。"郭璞注:"潛行水中,亦爲游也。"因此,下例中三類動詞分别用三個不同的位移動詞:

(6) 鳥,吾知其能<u>飛</u>;魚,吾知其能<u>游</u>;獸,吾知其能<u>走</u>。(《史記·老子韓非列傳》)

---

① 雨、船的歸類有些權宜。如果要進一步加以區分的話,可以把雨、船等單列爲一類,稱之爲半自動或半他控移動體。

再比如,馬的運動也有專門的位移動詞來表達:

(7) 天與地無窮,人死者有時,操有時之具而托於無窮之間,忽然無異騏驥之**馳**過隙也。(《莊子·盜跖》)

《説文·馬部》:"驅,馬馳也。""馳,大驅也。"需要指出的是,動體人、獸、鳥等還有很多專門的位移動詞,因爲這些動詞同時還編碼了方式,所以放在第四節做具體討論。

在有些位移場景中,相對於地面參照,存在兩個移動實體。而在抽象爲位移事件時,人們投入了更多注意力的那個移動實體就是動體,剩下的一個則是背景。比如,在追逐事件中,運動位置在後的實體更受關注,所以是動體,而在前被追的對象則是背景。拿"追"和"逐"這兩個動詞來説,編碼的都是追逐事件,但背景類型存在區别。對此,楊樹達《釋追逐》(收於《積微居甲文説》)一文中早已提出:甲骨卜辭中"追""逐"有别,前者所追是人,後者所逐是野獸,象獸走壙而人追之。我們用《殷墟甲骨刻辭類纂》(328—330,1164—1165)的卜辭用例來檢驗,確如楊氏所言。"逐"字句所表事件中,背景有豕、麋、鹿、兔、*等,均爲動物。例如:

(8) 貞,呼**逐**豕獲。(10236 正)

(9) 貞,其**逐**兕獲。(10399 正)

(10) 甲申卜,貞,王田**逐**麋。(27146)

(11) 呼多馬**逐**鹿獲。(5775 正)

(12) 王其往**逐**兔……(14295)

(13) 癸未卜,貞,翌戊子王往**逐***。(557)

殷商卜辭逐字有□、□、□等形,所從之豕、麋、兔,代表的就是所逐的次要動體。"追"字句常見的組合形式是"追方",背景是人(主要是敵人),例如:

(14) 乙亥卜,令虎**追**方。(20463 反)

不過,到了春秋戰國時期,"逐"與"追"在背景類型上的語義分别已經不大。在所調查的《左傳》《國語》《論語》《墨子》《孟子》《晏子》《莊子》《荀子》《韓非子》《吕氏春秋》《戰國策》《史記》這12部文獻中,"逐"共有369例,所逐的背景只有13例是動物(例15、16),其餘大多數都是人(例17、18、19);"追"241例,所追的背景絶大多數都是人(例19、20、21)。[①] 例如:

(15) 見有禮於其君者,事之,如孝子之養父母也;見無禮於其君者,誅之,如鷹鸇之逐鳥雀也。(《左傳·文公十八年》)

(16) 以秦攻之,譬如使豺狼逐群羊。(《史記·張儀列傳》)

(17) 公許諾,盡逐群賊,而使祁午及陽畢適曲沃逐欒盈,欒盈出奔楚。(《國語·晉語八》)

(18) 公出,過之,有斬竹者焉,公以車逐,得而拘之,將加罪焉。(《晏子春秋·内篇諫下》)

(19) 逐寇如追逃,軍之善政也。(《左傳·文公七年》)

(20) 夏,楚公子慶、公孫寬追越師,至冥,不及,乃還。(《左傳·哀公十九年》)

(21) 景公聞之,大駭,乘馹而自追晏子,及之國郊,請而反之。(《晏子春秋·内篇雜上》)

在自動移動體中,日月星辰的位移没有專用的位移動詞[②],

---

① 當然,兩者在位移方式和目的上也有細微差異。在位移方式上,[逐]的動體有一步一步跟着背景移動的特點,這一詞義特點在後來由"逐"合成的"逐步""逐一"中仍有保留。在位移目的上,[逐]的目的主要是將次要動體驅逐出某個區域,但有時也可以是爲了趕上次要動體;[追]的目的一般是爲了趕上次要動體。因此,在[追]事件中,動體和背景原先一定相互間有一段空間距離,而[逐]事件中則没有這一限制。

② 《方言》卷十二:"日運爲躔,月運爲逡。"其中的"躔"和"逡"均表歷次周行之義,在上古文獻中没有具體用例,所以没有將之視爲編碼了動體日和月的位移動詞。

可以用上位動詞“行”來表達，例如：

(22) 日月之行也，分，同道也；至，相過也。（《左傳·昭公二十一年》）

而雨、雪、雹在殷商卜辭中有各自專用的位移動詞，例如（趙誠，2009：370）：

(23) 甲子不雨。（京 365）

(24) 甲辰卜，雪。（京 325）

(25) 壬子夕雹。（庫 410）

地上的水有專用的位移動詞“流”，例如：

(26) 性，猶湍水也，決諸東方則東流，決諸西方則西流。（《孟子·告子上》）

其中泉水還有更爲專門的位移動詞“涌”來表達。《説文·水部》：“涌，滕也。”“滕，水超踊也。”“涌”的本義爲［泉水垂直上噴］，字或作“湧”。《公羊傳·昭公五年》云：“直泉者何？涌泉也。”例如：

(27) 且跖之爲人也，心如涌泉，意如飄風，強足以距敵，辨足以飾非；順其心則喜，逆其心則怒，易辱人以言。（《莊子·盜跖》）

(28) 醴泉涌於清室，通川過乎中庭。（《史記·司馬相如列傳》）

(29) 其西則有湧泉清池，激水推移；外發芙蓉蔆華，内隱鉅石白沙。（《史記·司馬相如列傳》）

植物部件的下移則有專門的位移動詞“落”來表達，例如：

(30) 公室將卑，其宗族枝葉先落，則公從之。（《左傳·昭公三十二年》）

(31) 酒酣，晏子作歌曰：“穗乎不得穫，秋風至兮殫零落，風雨之拂殺也，太上之靡弊也。”（《晏子春秋·内篇諫下》）

(32) 自而治天下，雲氣不待族而雨，草木不待黄而落，日月

之光益以荒矣。(《莊子·在宥》)

(33) 故秋霜降者草花**落**，水搖動者萬物作，此必然之效也。(《史記·李斯列傳》)

(34) 季夏行春令，則穀實解**落**，國多風欬，人乃遷徙。(《吕氏春秋·季夏紀》)

《説文·艸部》"落"字下云："凡艸曰零，木曰落。"[①]而從上述文獻用例來看，"落"和"零"之間並不存在這樣嚴格的語義分工。比如，上面所引的後4例都標明[落]的動體可以是草本植物。

天體或流星的下移也有專門的位移動詞"隕"來表達，《説文·𨸏部》："隕，從高下。"如：

(35) 夏，四月辛卯，夜，恒星不見。夜中，星**隕**如雨。(《春秋經·莊公七年》)

《説文》又有"磒"字，《石部》："磒，落也。从石，員聲。《春秋傳》曰：'磒石于宋五。'"可見"磒"是表示隕石下落的專字。

在他控移動體中，表車、船之行的位移動詞，前者如"馳"，後者如"杭(航)"。例如：

(36) 遂疾進師，車**馳**卒奔，乘晉軍。(《左傳·宣公十二年》)

(37) 誰謂河廣，一葦**杭**之。(《詩·衛風·河廣》)

至於不易動實體，只有在自然環境發生巨變時才會發生位移，如山崩地裂帶來的山體和地面的移動。相應地，也有幾個位移動詞來表達這類特殊的位移，如"崩""阤""坼"等。

"崩"的本義是[山陵高土的埸方分離]，通過隱喻可用於指稱君王之死。《説文·山部》以"山壞也"訓"崩"，説的不僅是崩字的造意，也反映了該字所記詞義對動體類型的語義要求。從語源上

① 慧琳《一切經音義》卷六引《説文》作"草木凋衰也"。這一訓釋更貼近上古文獻中"落"的用例情況。

看,“崩”得名於山塌裂時發出的聲音,《釋名・釋喪制》云:“天子曰崩,崩壞之行也。崩,硼聲也。”在所調查的上古傳世文獻中,“崩”共 301 例,其中有 40 例用於描述山陵高土的下塌,例如:

(38) 百川沸騰,山冢崒**崩**。高岸爲谷,深谷爲陵。(《詩・小雅・十月之交》)

(39) 秋八月辛卯,沙鹿**崩**。(《左傳・僖公十四年》)

“阤”有一個義位爲[山體斜着下塌],字或作“陀”。《説文・阜部》以“小崩”相訓,説明“阤”所描述的山塌大體上没有“崩”所描述的那麽嚴重。引申之後,由山阤所形成的斜坡可稱之爲“阤”,斜曲之狀亦可稱之爲“阤”。“阤”字在西周金文中已出現,但記録的不是[山體斜着下塌]這個義位。在上古傳世文獻中,“阤(山體斜着下塌)”僅 3 例,例如:

(40) 夫山,土之聚也。……是故聚不**阤**崩,而物有所歸;氣不沈滯,而亦不散越。(《國語・周語下》)

(41) 燻之則木焚,灌之則塗**阤**,此所以苦於社鼠也。(《韓非子・外儲説右上》)

例(40)韋昭注:“大曰崩,小曰阤。”

“坼”有一個義位是[地面裂開]。在上古傳世文獻中,“坼”共 13 例,其中 10 例是描寫地面,例如:

(42) 昔者三苗大亂……夏冰,地**坼**及泉,五穀變化,民乃大振。(《墨子・非攻下》)

(43) 五年,代地大動,自樂徐以西,北至平陰,臺屋墻垣太半壞,地**坼**東西百三十步。(《史記・趙世家》)

以上討論的是,位移動詞創制時編碼動體的情況。人們爲某類動體專門創制位移動詞時,主要考慮的是各類動體位移動作之間的差異性。但是,在詞的具體運用中,人們有時又會着眼於動體間的相似性,把專爲甲類動體位移動作創制的動詞挪用來表達乙類動體的類似動作。如此一來,編碼動體的位移動詞,就時常面臨隱喻帶來的動體泛化。這種泛化的積極意義在於,人們面對新實體新場景時,通過調用舊詞就可以輕易解决表達問題,從而减少新詞的創制,這符合經濟原則;消極意義則在於,過多的使用有可能導致詞義特點的淡忘,進而導致詞跟詞之間語義差異的縮小和泯滅,這有損於區别原則。因此,人們必須在詞的創制和詞的運用中不斷尋求平衡,有些詞義泛化可能增進詞的靈活性,擴大詞的使用範圍,而有些詞義泛化則可能帶來新義位的産生,進而推動新一輪詞的創制。下面結合具體的位移動詞來説明隱喻導致動體泛化的具體模式及其影響。

先看隱喻導致動體泛化的具體模式。通過隱喻,上述四類實體可以相互擴展,各類内部成員之間也可以相互擴展。比如,[飛]的動體可以由鳥擴展到其他自控移動體,還可以進而擴展到他控移動體,例如:

(44) 東海有蟲,巢於蟁睫,再乳再飛,而蟁不爲驚。(《晏子春秋·外篇》)

(45) 雚水之魚,名曰鰩,其狀若鯉而有翼,常從西海夜飛,游於東海。(《吕氏春秋·本味》)

(46) 毋爲虎傅翼,將飛入邑,擇人而食之。(《韓非子·難勢》)

(47) 弟子曰:"先生之巧,至能使木鳶飛。"(《韓非子·外儲説左上》)

又如,[雨]的動體可以由雨先擴展到同爲天象實體的雪、雹,再進而擴展到自控移動體,例如:

(48) 雨雪,王皮冠,秦復陶,翠被,豹舄,執鞭以出。(《左傳·昭公十二年》)

(49) 秋,大雨雹。爲災也。(《左傳·僖公二十九年》)

(50) 秋,雨螽于宋,隊而死也。(《左傳·文公三年》)

值得注意的是，螽通常情況下雖然是自控移動體，但在上例中却顯然喪失了對下移動作的自控能力，這類似於下雨事件中雨的無自控能力。

又如，“零”的本義爲[下雨]，最早用“霝”字來記録，後來才改用“零”字。殷商卜辭霝字作，上象天，下三點像大的雨滴。在殷商卜辭中，只見“零”用於雨降落的場景，例如：

(51) 癸未卜，賓貞，兹**零**隹降禍。(甲・丙五七)

通過隱喻動體擴展爲露、霜、雪、人的眼淚、草木的花葉果穗。①例如：

(52) 野有蔓草，**零**露漙兮。(《詩・鄭風・野有蔓草》)

(53) 冬月隆寒，霜雪霣**零**，萬物皆枯……(《論衡・是應》)

(54) 念彼共人，涕**零**如雨。(《詩・小雅・小明》)

(55) 行秋令，則草木**零**落，果實早成，民殃於疫。(《吕氏春秋・仲夏紀》)

(56) 後時者，莖葉帶芒而末衡，穗閲而青**零**，多秕而不滿。(《吕氏春秋・審時》)

再如，[崩]可以由山陵高土擴展到建築(也屬於不易動實體)，還可以進一步擴展到自控移動體，例如：

(57) 棟折榱**崩**，僑將厭焉，敢不盡言？(《左傳・襄公三十一年》)

(58) 桀愈自賢，矜過善非，主道重塞，國人大**崩**。(《吕氏春秋・慎大》)

(59) 夫使士卒不**崩**，直而不倚，撓揀而不辟者，此吴起餘教也，臣不能爲也。(《戰國策・魏策一》)

---

① 擴展到草木時，曾專門造了“蘦”字。例如《楚辭・遠游》：“微霜降而下淪兮，悼芳草之先蘦。”

乍看之下,四類動體似乎可以自由擴展。可稍加分析我們就可以發現,這種擴展需要遵循一條語義原則,即:自控位移可以擴展爲非自控位移,非自控位移則不能擴展爲自控位移。比如,[飛]動體擴展爲人造的木鳶,則動體本身不能自行控制位移,屬於非自控位移。又如,[雨]、[崩]的動體即使擴展到自控移動體,像例(50)的"螽"、例(58)的"國人"、例(59)的"士卒",此時動體對於相應位移事件也是處於無法控制的狀態。

再來看動體泛化帶來的影響。隱喻擴展最直接的影響就是衍生出了典型動體。對於編碼動體的位移動詞來説,如果它一直没有發生隱喻擴展,那麽其所編碼位移事件的動體仍只有一類,當然也就無所謂典型動體和非典型動體之分了。可當擴展之後動體類型比較多時,人們往往就需要將某個動體確立爲原型動體,這樣各種動體才可以圍繞一個中心動體組織在同一個動詞的語義結構中。比如,在"飛"用於描寫各種動體的位移時,人們把鳥確立爲原型動體,然後以之作爲參照來理解和把握其他動體的飛行動作。例(44)的"蟲"、例(45)的"鰩"、例(46)的"虎"、例(47)人造的"木鳶",它們的位移動作之所以可以用"飛"來表達,那是因爲這些動體都長着類似鳥的翅膀,因而都可以像鳥展翅那般在空中飛行。從詞層面看,語義泛化符合經濟原則,不僅可以大大減少新詞的創制,而且有時還能削減舊詞或舊義位的數量。比如,位移動詞"雨"的動體由雨泛化爲天象實體,直接導致了"雪""雹"等動詞義位的消亡,從而減少了儲存義位的長時記憶成本。不過,從句法層面看,語義泛化會帶來位移動詞組合方式的靈活性和多樣性,從而增加説話時在綫加工的理解成本。比如,當用"雨"表達下雪、下雹時,爲避免聽者誤解成下雨,就需要説成"雨雪""雨雹",而原先則只需要説"雪""雹"即可。後來,我們又看到動詞"雨"進一步被"降、下、落"等替换。這整個趨勢都是通過增加在綫加工成本來減少長時記憶成本，而其直接結果就是位移事件的表達從綜合式（一個動詞既表達位移又表達動體）變爲分析式（動詞表達位移，名詞表達動體）。

有時隱喻擴展之後，人們發現其中兩個動體都可以作爲中心來組織相關的位移場景。這時就有可能發生典型動體的分立，導致新一輪的義位分立甚至新詞創制。比如，編碼動體［泉水］的動詞"涌"，通過隱喻擴展到了人身上。不管是泉水的上噴還是人的垂直上跳，在人們的生活中都是很常見的場景。於是，爲了使［泉水］和［人］都能成爲位移事件的典型動體，人們分化了"涌"，一個用於編碼動體［泉水］，一個編碼動體［人］，書面上分別用"涌"字和"踊"字來加以記録。在上古文獻的實際用例中，"涌""踊"二字基本遵循上述分化，這證明由"涌"分化出"踊"的成果已經被成功地規約固定下來了。"踊"的例子如：

（60）門啓而入，枕尸股而哭，興，三<u>踊</u>而出。（《左傳・襄公二十五年》）

又如"零"和"落"。殷商卜辭中有"各"字，所記詞可用於表達太陽的降落（趙誠，2009：346）；有零字，但只用於地名。不過，《説文・雨部》云："零，雨落也。"段注："此下雨本字。今則'落'行而'零'廢矣。""落"字則最爲後起，專用於表達草木花葉或果實的凋落。綜上來看，"零"當由"各"分化而出，最初專用於表達天象實體的下降，爾後擴展到表達草木花葉或果實的凋落，並專門造了"落"字來加以記録。根據《漢語方言大詞典》（第 5930 頁），很多現代漢語方言都用"零（落）"來表達雨、雪、霜、露、日之類天象實體的下降，如安徽安慶話、湖北武漢話、四川成都話、江蘇江陰話、上海話、浙江金華話、廣東陽江話等；同樣是這些地方，草木果實或葉子的凋落却一般用其他下移動詞來表達。這也證明"零"的動體擴展過程很可能是由天象實體向植物，而非由植物向天象實體。①

以上的討論,關注的是隱喻可能帶來的詞義變化。需要注意的是,在變化的背後,有些詞義特點仍會非常頑强地保留下來。比如,不管動體範圍怎樣擴展,[零]仍是非自主的空中下移動作,動體也還具有[體輕]、[散狀]等語義特徵。又如,"涌"有時可用於描述風、鳥的某些位移動作,例如:

(61) 紅杳渺以眩湣兮,猋風<u>涌</u>而雲浮。(《史記·司馬相如列傳》)

(62) 蛟侵潯而高縱兮,紛鴻<u>涌</u>而上厲。(《史記·司馬相如列傳》)

不過,即使是在描述"風"和"鴻"時,我們仍可以看到"涌"[垂直向上]和[猛烈]的詞義特點:"猋"是"扶搖"的合音,猋風是旋轉直上的風;"厲"有[猛烈揚起]義,故《管子·地員》"五沙之狀,粟焉如屑塵厲"下,尹知章注云:"厲,踊起也。"

三、[移動+背景]

相對來説,不易動實體最適合充當位移背景。可在編碼時,不易動實體並不是一類一類直接以背景身份併入詞義,而是需要進一步概括成更大的類。在上古漢語中,木、草、山、丘、湖、河、宫、室等一般先概括成[陸域]和[水域]兩種空間區域,然後再以背景身份併入詞義結構。因此,我們可以看到表示[經過水域]的"渡(度)"等位移動詞,但却未見專門爲[經過湖泊]和[經過河流]創制詞。同樣,我們也可以看到表示[陸上上移]的"登"等動詞,但却未見專門爲[上樹]和[上房屋]創制詞。

① 如果我們結合自主向非自主的擴展原則,還可以進一步推定"各"表天象實體位移應該是表自控移動體位移的擴展。如此一來,"各"在更早的時期很有可能還規定了由上向下的位移方嚮。

因此，在將背景編碼時，陸域、水域、空中的區域三分發揮了很大作用。具體來看，在這三大區域，專門爲陸域位移創制的位移動詞有“徒、步、走、趨、奔、邁、馳”等；專門爲水域位移創制的位移動詞有“涉、濟、濿、渡(度)、游、泳、潛、沉、浮”等；專門爲空中位移創制的位移動詞有“飛、翔、翱、落、零、墜、霣”等。顯然，上述動詞中，很多動詞同時也編碼了動體。

與動體一樣，背景通過隱喻也會出現擴展，這一擴展有時也會帶來義位的派生或新詞的創制。以區域三分爲基礎，背景隱喻擴展的模式理論上有以下六種，即：陸域擴展到水域，陸域擴展到空中，水域擴展到陸域，水域擴展到空中，空中擴展到陸域，空中擴展到水域。但在上古傳世文獻中，我們未見所編碼背景由陸域擴展到水域或空中的位移動詞。由空中擴展到陸域或水域，可以找到個別例子，但也不多見，如：

(63) 將<u>翱</u>將<u>翔</u>，弋鳧與雁。(《詩・鄭風・女曰鷄鳴》)

(64) 室中不<u>翔</u>，並坐不横肱。(《禮記・曲禮上》)

《説文・羽部》：“翱，翔也。”段注：“《釋名》：‘翱，敖也，言敖游也。翔，佯也，言彷徉也。’按彷徉，徘徊也。”如《詩・齊風・載驅》：“魯道有蕩，齊子翱翔。”毛傳：“翱翔，猶彷徉也。”又《羽部》：“翔，回飛也。”段注：“《釋鳥》：‘鳶烏醜，其飛也翔。’郭云：‘布翅翱翔。’高注《淮南》曰：‘翼上下曰翱，直刺不動曰翔。’《曲禮》‘室中不翔’，鄭曰：‘行而張拱曰翔。’此引伸假借也。按翱翔統言不别，析言則殊。高注析言之也。《夏小正》：‘黑鳥浴。浴也者，飛乍高乍下也。’此所謂翼上下曰翱也。”“翱”“翔”本用於表達空中位移，通過隱喻可以表達人在陸域的位移動作。

最爲常見的背景擴展的途徑和方式是由水域擴展到陸域和由水域擴展到空中。前者如：

(65) 且夫清道而後行，中路而後馳，猶時有銜橛之變，而況

涉乎蓬蒿,馳乎丘墳,前有利獸之樂而内無存變之意,其爲禍也不亦難矣!(《史記·司馬相如列傳》)

(66) 西涉流沙,南盡北户。(《史記·秦始皇本紀》)

(67) 常以爲漢兵不能度幕[①],輕留。今大發士卒,其勢必得所欲。(《史記·衛將軍驃騎列傳》)

(68) 大將軍與單于接戰,單于遁走,弗能得而還。南絶幕,遇前將軍、右將軍。(《史記·李將軍列傳》)

(69) 經營炎火而浮弱水兮,杭絶浮渚而涉流沙。(《史記·司馬相如列傳》)

動詞"涉、度、絶"原先都是表達水域位移,但通過隱喻可以擴展到陸域,尤其是其中的沙漠。值得注意的是,不管如何擴展,"涉、度、絶"三者原先的詞義區别仍保留着。"度"没有突出具體的位移方式,另兩個動詞則包含具體的位移方式:"涉"是[徒步]的方式,"絶"則是[横穿]的方式。

由水域擴展到空中的例子,如:

(70) 千鈞得船則浮,錙銖失船則沈,非千鈞輕而錙銖重也,有勢之與無勢也。(《韓非子·功名》)

(71) 其出如浮如沈,其國有土功;如沈如浮,其野亡。色赤而有角,其所居國昌。(《史記·天官書》)

(72) 汝逢疾風淋雨,漂入漳、河,東流至海,氾濫無所止。(《戰國策·趙策一》)

(73) 衝風之末,力不能漂鴻毛。(《史記·韓長孺列傳》)

"沈""浮"本用於水域,如例(70),通過隱喻則可以用於空中,表達天星的位移,如例(71)。"漂"一開始用於表達在水域上的位移,

---

① 按,"幕"指沙漠。

如例(72),後來擴展到空中,如例(73)。①

從上面這些例子我們可以看出,由水域擴展到陸域和空中最爲常見,由空中擴展到陸域也有所見,而由陸域擴展到水域和空中則還没有找到確鑿的實例,這可能是因爲陸域動詞很早就有所擴展,所以在上古時期已經很難辨認出這批動詞本來所編碼的背景類型。

值得注意的是,"度"的背景泛化帶來了新詞的創制,具體表現在"渡"和"度"二字記録職能的分工上。"渡"這個詞始見於《戰國策》和《史記》,王鳳陽(1993:729)推測是楚地方言詞。根據我們的統計,《戰國策》《史記》《論衡》《搜神記》《世説新語》中,"渡"共有194例,其中用於描述過水187例,用於描述經過其他背景7例。值得注意的是,這7例"渡"的書面形式用的都是"度"字。這説明"度""渡"雖然都可以記録"經過水域"的用法,但前者還可以記録"經過其他背景"的用法。後來這一分工進一步明確化。到了現代漢語中,"經過水域"的用法只用"渡"字來記録(蘇培成,2002)。

剩下還有一個問題需要探討,那就是上古漢語中有没有在木、草、山、丘、湖、河、宫、室這一概念層次上編碼背景的位移動詞?目前來看,"陟(上行)"可以算一個,它主要見於《詩經》,有19例,其中17例描寫的是登山,2例描寫的是先王亡靈的上行動作。例如:

(74) <u>陟</u>則在巘,復降在原。(《詩·大雅·公劉》)

(75) <u>陟</u>彼岵兮,瞻望父兮。(《詩·魏風·陟岵》)

(76) 文王<u>陟</u>降,在帝左右。(《詩·大雅·文王》)

---

① 需要注意的是,上古文獻中的"飄"字,記録的是另一個詞,該詞是"飆"的音轉,是[旋風]的意思。《爾雅·釋天》:"迴風爲飄。"郭璞注:"旋風也。"例如《莊子·天下》:"推而後行,曳而後往,若飄風之還,若羽之旋,若磨石之隧。"

由此看來,"陟"字從𨸏(阜),反映了所記録詞義編碼的背景類型——山陵或高土。根據這一點來推測,"降""隊(墜)"等字所記録的位移動詞,早期很有可能也編碼了背景類型;只不過到了春秋戰國時期,這些動詞經過長期的語義泛化,已經很難認出原先編碼的背景類型了。

在其他語言中,編碼同樣概念層次背景的位移動詞也不多見。比如,英語中只有"emplane(登飛機)""deplane(下飛機)"等,屈指可數。Talmy(2000:61)的考察結果是:在與[位移]進行合併編碼過程中,首選是[路徑],其次是[方式],再次是[動體],最後是[背景]。上古漢語的情況大體也是如此。之所以會這樣,不排除是因爲位移動詞所編碼的背景很容易發生泛化,因而在後世語言中很難識别出它們原先所編碼的背景。

第四節 方式的合併編碼

[方式]本身還是一個涵義比較寬泛的概念,其中包括[工具]、[姿勢]、[情態]等,其中[姿勢]和[情態]有時聯繫在一起,很難區分開來,所以我們姑且用[姿態]來統稱它們。下面分別結合具體動詞來加以説明。

一、[移動+工具]

在上古時期,人們出行時藉助的工具主要是車馬和舟梁,前者用於陸域,後者用於水域。分工甚爲明確,諸如以舟行於陸、以車行於水之類,均是勞而無功之謬舉。

(77) 夫水行莫如用舟,而陸行莫如用車。以舟之可行於水也而求推之於陸,則没世不行尋常。古今非水陸與?周、魯非舟車與?今蘄行周於魯,是猶推舟於陸也,勞

而無功，身必有殃。（《莊子·天運》）

相應地，在詞彙層面，我們也看到存在類似的分工。陸地上，有徒步行走和藉助車馬行走兩種不同的位移方式，前者如"徒、步、走、趨"等，後者主要是"馳"。比較：

(78) 賁其趾，舍車而徒。（《易·賁》）

(79) 崇玩好，縣愛槐之令，載過者馳，步過者趨，威嚴擬乎君，逆之明者也；犯槐者刑，傷槐者死，刑殺不稱，賊民之深者。（《晏子春秋·内篇諫下》）

例(78)説"舍車而徒"，説明"徒"所表位移動作不藉助車馬；例(79)"載過者馳"和"步過者趨"對言，説明"步、趨"所表位移動作都不藉助車馬，"馳"所表位移動作則須藉助車馬。

水域亦有徒步與否的區分。人們可以直接踩着水底徒步過河，相應的詞有"涉、馮"，也可以踩着水中的石頭過河，相應的詞有"濿"，當然還可以乘船過河，相應的詞有"濟"。例如：

(80) 荆人欲襲宋，使人先表澭水。澭水暴益，荆人弗知，循表而夜涉，溺死者千有餘人，軍驚而壞都舍。（《吕氏春秋·察今》）

(81) 不敢暴虎，不敢馮河。（《詩·小雅·小旻》）

(82) 深則厲，淺則揭。（《詩·邶風·匏有苦葉》）

(83) 趙嬰齊使其徒先具舟于河，故敗而先濟。（《左傳·宣公十二年》）

(84) 西征攘白翟之地，至於西河，方舟設泭，乘桴濟河，至於石枕。（《國語·齊語》）

(85) 吾嘗濟乎觴深之淵，津人操舟若神。（《莊子·達生》）

例(80)説的是楚軍夜裏沿着白天所立之表徒步過澭水，結果因爲澭水暴漲水位大升導致很多士兵溺水而死。例(81)"暴虎"説的是徒手對抗老虎，"馮河"説的是徒步過黄河。"馮河"的"馮"本字當爲“淜”,《説文・水部》“淜,無舟渡河也”,段注:“《小雅》傳曰:‘徒涉曰馮河。徒搏曰暴虎。’《爾雅・釋訓》、《論語》孔注同。淜,正字;馮,假借字。”例(82)的解讀根據的是《説文》,所謂的履石可視爲橋梁的前身。“厲”的本字當爲“砅”,《説文・水部》:“砅,履石渡水也。”例(83)—例(85)從上下文就可以看出濟水當藉助舟船。

有意思的是,在現實生活中,我們偶爾還可以見到乘車過水的場景。這時到底應該用哪個動詞來表達呢?從文獻用例來看,可以選擇動詞“涉”或“濟”,但不見用“步”者。例如:

(86) 卜徒父筮之,吉:“**涉**河,侯車敗。”(《左傳・僖公十五年》)

(87) 有瀰**濟**盈,有鷕雉鳴。濟盈不濡軌,雉鳴求其牡。(《詩・邶風・匏有苦葉》)

需要加以説明的是,編碼到詞義中的[工具]在具體運用中很容易被打破,可以由徒步擴展用於非徒步(上古文獻中未見到由非徒步擴展到徒步的用例)。比如,“步”的本義是[徒步徐行]。殷商卜辭“步”字有字形作,正像人兩脚交互向前移動的景象。但在具體使用中,我們也可以找到“步”用於描述車行的用例,例如:

(88) 奉衣服者至碑,君從,有司皆以次從出廟門;奉衣服者升車,乃**步**;君升車,從者皆就車也。(《大戴禮記・諸侯遷廟》)

該例孔廣森《補注》云:“步,車行也。”王聘珍《解詁》云:“步者,車緩行。”[①]行文者之所以臨時挪用“步”來描述車子的慢行,一方面是因爲車子的緩慢行進與人的緩慢步行之間有相似之處,另一方面則是因爲當時並没有專門創制表達車子緩行的動詞。

① 孔、王的説解均引自宗福邦等主編的《故訓匯纂》,商務印書館,2003年,第1182頁。

又如，"涉"的本義爲[徒步過河]。《説文・㳄部》訓"涉"爲"徒行厲水"，段注："許云徒行者，以别於以車及方之舟之也。""涉"字殷商卜辭作[illegible]或[illegible]，正像徒步在水中行走的景象。例如：

(89) ☒貞：虎☒方其**涉**河、東兆，其☒。(前 6.63.6)

不過，在不斷使用中，"涉"的詞義開始出現一定程度地泛化：一方面是[水中]這一背景類型的限制被打破，另一方面是[徒步]這一位移方式的限制被打破。第二個方面的泛化由來已久。朱歧祥(1989:61)早已經指出：殷人所説的"涉"，從武丁開始就不再局限於徒步，乘舟過河亦可稱之爲"涉"，故卜辭《合 109》有"涉舟"的説法。而在春秋戰國文獻中，我們也經常可以見到類似的用例。① 例如：

(90) 昔者江出於岷山，其始出也，其源可以濫觴，及其至江之津也，不放舟、不避風則不可**涉**也。(《荀子・子道》)

(91) 楚人有**涉**江者，其劍自舟中墜於水，遽契其舟曰："是吾劍之所從墜。"(《吕氏春秋・察今》)

前一例説"不放舟、不避風則不可涉也"，那言外之意就是"放舟就可以涉"，也就意味着泛舟過河也是"涉"的一種。後一例則明言是乘舟涉江，所以才會發生劍自船中墜人水裏的意外。

二、[移動＋姿態]

將[姿態]編碼進入概念的位移動詞很多。以人爲動體，單就姿勢而言，則有步行和跳行，前者如"步、走、趨、奔"等，後者如"超、踊、躍、越"等。以馬(含車)爲動體，姿態上則有"驟、騁、馳、驅"之别；以鳥爲動體，姿態上則有"翺、翔、翽、翬、翏"之别。下面

---

① 金文中没有找到用"涉"描寫乘舟過水的用例，這實屬正常，因爲"涉"字本身在金文中就很少見：在我們所調查的金文語料中只有 7 例，其中 4 例用於人名，3 例用於記録"徒步在水中移動"的意思。

分組作些分析和討論。

(一) 步、走、趨、奔

《説文・步部》用"行"訓"步"，而在《行部》則用"步趨"訓"行"；由此看來，許慎認爲"步"與"趨"相對，均是"行"的下位詞。段玉裁的看法也是如此，他在"步"字條下注云："步徐趨疾，《釋名》曰：'徐行曰步。'"又在"行"字條下注云："步，行也；趨，走也，二者一徐一疾，皆謂之行，統言之也。""步"的本義用例在殷商卜辭中已經很常見，並且所構成的小句也比較豐富，既有不出現背景成分者，也有出現終點背景或起點背景的格式("步＋於＋$O_{終點}$"和"步＋自＋$O_{起點}$＋於＋$O_{終點}$")。例如(朱歧祥，1989：57)：

(92) 辛酉卜，貞：王步無災。(前 3.26.2)

(93) 丙子卜，丙貞：翌丁丑王步於壴。(合 309)

(94) 庚辰卜，行貞：王其步自[illegible]於[illegible]，無災。在正月。(京 3475)

與"步"形成相對關係的詞主要是"走""趨"和"奔"。比較：

(95) 顔淵問於仲尼曰："夫子步亦步，夫子趨亦趨，夫子馳亦馳；夫子奔逸絶塵，而回瞠若乎後矣！"(《莊子・田子方》)

[步]的一小步約三尺，步頻較低；[趨]則是小碎步的跑動，步頻較高。[走]跟[趨]差别不大。細究起來，[走]的步伐應該更大些，速度一般也快於[趨]，故《釋名・釋姿容》云"疾趨曰走"。金文走字作[illegible]，正像人跑動時兩手甩開貌。[奔]一般是在臨時發生重大變故時才會採取的位移動作，故《釋名・釋姿容》云："奔，變也。有急變奔赴之也。"因此，[奔]是一種全力以赴的跑動，步伐和擺手的幅度都更大，速度上往往也更快。當上述詞用於特殊的禮法場合時，我們仍可約莫看出相互之間的區别。比如，《爾雅・釋宫》云："室中謂之時，堂上謂之行，堂下謂之步，門外謂之趨，中庭

謂之走，大路謂之奔。”離室中越近，行走速度越慢，情態上也越安然肅静。從末兩句來看，[奔]的速度應該比[走]更快些。

（二）超、趒（跳）、踊、躍

《說文・走部》：“超，跳也。”《釋名・釋姿容》：“超，卓也。舉脚有所卓越也。”王先謙《疏證補》云：“《說文》：‘超，跳也。’‘卓，高也。’‘越，度也。’舉足高而度越人前，此超之本義。”從文獻用例來看，《說文》的解釋更有可能是本義。“超”就是[大步跳]的意思，[越過]一開始只是語境義。比較：

（96）三十三年春，秦師過周北門，左右免胄而下，<u>超</u>乘者三百乘。（《左傳・僖公三十三年》）

（97）挾太山以<u>超</u>北海，語人曰“我不能”，是誠不能也。（《孟子・梁惠王上》）

例（96）和例（97）説的都是[大步跳]，前者位移的結果是跳到了車上，車是位移的終點，後者位移的結果是跳過了北海，北海是位移的經點或者説背景。之所以會有這種語義差異，是因爲方式動詞“超”在詞義中没有編碼具體的向量類型，因而在句法層面既可以帶終點賓語，也可以帶經點賓語。這就猶如今天的“跳海”和“跳樓”，没有人會因爲“海”和“樓”分别表達的是位移的終點和起點，而認爲這是兩個不同意思的“跳”。從同源詞繫聯來看，與“超”同源的有“迢、遥”等，均有高遠之義。大跳則高遠，故命之曰“超”。

《説文・走部》：“趒，雀行也。”文獻中字多作“跳”。“趒”的本義中是否編碼了動體[雀]，已很難確知。許慎之所以訓爲“雀行”，顯然不是出於字形構造的考慮，當另有所本。從文獻用例來看，“趒”本義可能是[單脚跳]。雀行一般爲單脚跳；可能因爲這個原因，許慎才以“雀行”相訓。例如：

（98）其後齊有飛鳥，一足，來下，止於殿前，舒翅而<u>跳</u>。（《説苑・辨物》）

上例“跳”的動體是只有一隻脚的鳥。不過,在先秦文獻中就已經有動體爲人的用例,例如:

(99) 禹跳,湯偏。(《荀子·非相》)

楊倞注引《尸子》云:“禹之勞,十年不窺其家,手不爪,脛不生毛,偏枯之病,步不相過,人曰禹步。”“趒”指的是步不相過的禹步。所謂的“步不相過”,指的是每走一步(跬)都要兩脚合併一次,不能兩脚交互連續向前移動。晉葛洪《抱朴子内篇·登涉》有云:“禹步法:正立,右足在前,左足在後,次復前右足,以左足從右足併,是一步也。次復前右足,次前左足,以右足從左足併,是二步也。次復前右足,以左足從右足併,是三步也。如此禹步之道畢矣。”從葛洪的描述中,我們可以知道,後世禹步中,每一步蓄力蹬地的都是左脚,先抬起和落地的則是右脚。在禹步中,我們仍能隱約體會到那種單脚而起、另一隻脚不用力的特點,因而給人一種一瘸一拐的感覺,故而《説文·足部》云:“蹶,……一曰跳也。”又云:“跳,蹷也。”

(三) 驟、騁、馳、騁

在《説文》裏,除“馳”外,至少還有八個跟馬行相關的位移動詞,即:《馬部》:“驟,馬疾步也。”“颿,馬疾步也。”“駒,馬疾走也。”“駍,馬奔也。”“騁,直馳也。”“騁,馬突也。”“鶩,亂馳也。”“駕,次弟馳也。”從許慎的訓釋來看,馬的行走也可以區分出步、走、奔三種,相應的動詞分别是“驟、颿”“駒”“駍”。[①] 另外根據是否有秩序,可以分爲有定向之行和無定向之行,前者相應的詞爲“駕”。[②]後者相應的詞爲“騁、騁、鶩”。可惜的是,其中有些詞在文獻中没有具體用例,所以只能姑且擱置不論。下面着重分析“驟、騁、馳、

① 《説文·馬部》“驟”下段玉裁注云:“步下曰‘行也’,走下曰‘趨也’,行下曰‘人之步趨也’。然則行兼步與趨言之。此馬行、馬步、馬走之别也。”

② 段玉裁解釋“次弟馳”爲“次弟成行列之馳也”。

騁”四個動詞的語義差異。

“驟”與“走、趨、趣”等同源，前者施之於馬，後者施之於人。“驟”有數、屢之義，表示一定時間内動作發生的頻次高，間隔很短。段玉裁注云：“《小雅》曰：‘載驟駸駸。’按今字驟爲暴疾之詞，古則爲屢然之詞。凡《左傳》《國語》言驟者皆與屢同義。如‘宣子驟諫’‘公子商人驟施於國’是也。《左傳》言‘驟’，《詩》《書》言‘屢’，《論語》言‘屢’，亦言‘亟’，其意一也。亟之本義敏疾也，讀去吏切，爲數數然。數數然即是敏疾。驟之用同此矣。數之本義計也，讀所角切，爲數數然，乃又引伸爲凡迫促之意。”由此推之，許慎訓爲“馬疾步”，突出的是馬小碎步行走時的步頻很高。文獻用例如：

(100) 燒之剔之，刻之雒之，連之以羈馽，編之以皁棧，馬之死者十二三矣；饑之渴之，馳之驟之，整之齊之，前有橛飾之患，而後有鞭策之威，而馬之死者已過半矣。(《莊子·馬蹄》)

隱喻擴展之後，動體可以爲其他實體，例如：

(101) 毛嬙、麗姬，人之所美也，魚見之深入，鳥見之高飛，麋鹿見之决<u>驟</u>。(《莊子·齊物論》)

(102) 物之生也若<u>驟</u>若馳，無動而不變，無時而不移。(《莊子·秋水》)

“馯”指的是[馬擺脱控制從側面突出]。例如：

(103) 馬退而却，策不能進前也；馬<u>馯</u>而走，轡不能正也。(《韓非子·外儲説右下》)

該例中“馬馯而走”指的是馬不聽使唤，偏離駕者既定的路綫奔突了出去，連繮繩都不能矯正它。具體來看，此時馬可能處於一種急切擺脱束縛的情態，給人一種不馴服的野蠻感覺。例如：

(104) 造父以渴服馬久矣，今馬見池，<u>馯</u>而走，雖造父不能

治。(《韓非子·外儲説右下》)

該例描述的是馬口渴已久,突然見到池中之水,駻突而出猛奔過去的場景,從中可以領略到駻馬急切、不馴的情態。正因爲如此,所以韓非子將急世之民比作駻馬,例如:

(105) 夫古今異俗,新故異備,如欲以寬緩之政治急世之民,猶無轡策而御駻馬,此不知之患也。(《韓非子·外儲説右下》)

"騁",《説文·馬部》訓"直馳"。所謂"直馳",就是讓馬盡情奔跑的意思。"騁"上古音爲透紐耕部,與之同源的有"逞"(透紐耕部)、"呈"(定紐耕部)、"裎"(定紐耕部)、"盈"(餘紐耕部)等。統言之,完全展現曰"呈";分言之,身體完全裸露曰"裎",欲望完全釋放曰"逞",馬跑動之欲得到完全釋放則曰"騁"。因此,"騁"的本義爲[馬縱情奔跑],跟"馳"意義很接近,因而兩者常可連用。例如:

(106) 王其且馳騁弋獵,無至禽荒;宫中之樂,無至酒荒;肆與大夫觴飲,無忘國常。(《國語·越語下》)

不過,細究起來,相對於[馳],[騁]時人對馬的節制要少一些,因而速度一般也會更快些。此時,駕者旨在使馬竭盡全力,全速奔跑,因而對馬的位移没有進行人爲節制(相比之下,"馳"和"弛"同源,該動作由放鬆馬繮繩而得名;因此,馬馳時,仍有人爲的節制)。[①] 例如:

(107) 我瞻四方,蹙蹙靡所騁。(《詩·小雅·節南山》)

(108) 登丘而望之,則馳。騁而從之,則决睢澨,閉門登陴矣。(《左傳·成公十五年》)

(109) 顔淵對曰:"……今東野畢之馭,上車執轡銜,體正矣;

① 參看王鳳陽《古辭辨》(增訂本),中華書局,2011 年,第 561 頁。

步驟馳騁，朝禮畢矣；歷險致遠，馬力盡矣；然猶求馬不已，是以知之也。”定公曰：“善，可得少進乎？”顔淵對曰：“臣聞之，鳥窮則啄，獸窮則攫，人窮則詐。自古及今，未有窮其下而能無危者也。”（《荀子・哀公》）

例(107)毛傳：“騁，極也。”以“極”訓“騁”，準確捕捉到了馬騁時全力以赴的特點。例(108)動體爲了追上馳者，採用了[騁]的位移方式，這暗示馬騁的速度一般要快於馬馳的速度。例(109)“步驟馳騁”大致按照位移速度的快慢連用，從中可見[騁]的速度最快，[步]的速度最慢；後面又言“馬力盡”“鳥窮”“獸窮”“人窮”，這説明到了使馬騁行的階段，就有可能窮盡馬力。

(四) 翱、翔、翾、翬、翏

除“飛”外，我們在《説文・羽部》還可以找到幾個表達鳥飛的詞，例如：“翩，疾飛也。”“翱，翱翔也。”“翔，回飛也。”“翾，小飛也。”“翬，大飛也。”“翏，高飛也。”“翥，飛舉也。”“翯，飛也。”從許慎的訓釋來看，這些詞應該都是動詞。但是在文獻中，“翩”只見用於形容飛行之貌，更像是狀態詞。① 例如：

(110) 翩彼飛鴞，集于泮林，食我桑黮，懷我好音。（《詩・魯頌・泮水》）

(111) 六四，翩翩，不富以其鄰，不戒以孚。（《易・泰》）

(112) 翩翩者鵻，載飛載下，集於苞栩。（《詩・小雅・四牡》）

例(110)毛傳：“翩，飛貌。”例(111)程頤傳：“翩翩，疾飛之貌。”例(112)朱熹《集傳》：“翩翩，飛貌。”上述三例中的“翩”不管是單言還是重言，説的都是飛行時輕快的樣子。從《詩經》來看，“X彼NP”格式中，“X”若是謂詞時，要麼是狀態詞，此時整個短語是謂語前置式的主謂結構；要麼是動詞，此時整個短語是動賓結構。

---

① 漢語中有很多狀態詞是由動詞衍生的；因此，“翩”也不排除有這種可能性。

比較:

(113) a. 嘒彼小星,三五在東。(《詩·召南·小星》)

b. 毖彼泉水,亦流于淇。(《詩·邶風·泉水》)

c. 孌彼諸姬,聊與之謀。(《詩·邶風·泉水》)

(114) a. 蒙彼縐絺,是紲袢也。(《詩·鄘風·君子偕老》)

b. 升彼虛矣,以望楚矣。(《詩·鄘風·定之方中》)

c. 瞻彼淇奧,綠竹猗猗。(《詩·衛風·淇奧》)

例(113a)毛傳:"嘒,微貌。"例(113b)毛傳:"興也。泉水始出,毖然流也。"例(113c)毛傳:"孌,好貌。"例(114a)毛傳:"蒙,覆也。"例(113)中的"嘒""毖""孌"均是用於描述後面體詞性成分所指對象的狀態;例(114)中的"蒙彼縐絺""升彼虛""瞻彼淇奧"均是動賓結構。對照這六個例子,"翩彼飛鴞"中的"翩"的確如《毛傳》所言,是一個狀態詞,其所描述的飛行狀態是[輕快]。

在上古傳世文獻中,只見1例"翱"單用,其他均是"翱翔"連用。根據這一點來看,"翱翔"整個處理爲一個詞更爲妥當些,意思跟單用的"翔"没有什麽差别,都指的是[鳥在某一區域的來回飛行]。例如:

(115) 我騰躍而上,不過數仞而下,翱翔蓬蒿之間,此亦飛之至也。(《莊子·逍遥游》)

通過隱喻,動體也可以是人,但仍保留[來回移動]的詞彙特點,例如:

(116) 魯道有蕩,齊子翱翔。(《詩·齊風·載驅》)

毛傳:"翱翔,猶彷徉也。""翔"本義爲[來回飛行],書面詞形主要作"翔",偶爾也作"養"[①]。所謂"回飛",即在空中盤旋,來回飛行。與翔同源的聯綿詞有"彷徨""徜徉""徘徊""盤桓"等,它們

---

① 例如《莊子·天運》:"龍合而成體,散而成章,乘雲氣而養乎陰陽。"

也都是用於描述動體一定範圍内的來回移動。《釋名・釋言語》云:"翔,佯也。言彷徉也。"例如:

(117) 色斯舉矣,翔而後集。(《論語・鄉黨》)

何晏《集解》引周生烈曰:"迴翔審觀而後下止。""翔"描述的是鳥在低空圍繞止息之處盤旋飛行的場景。通過隱喻,可以用於動體爲人的場景,例如:

(118) 室中不翔,並坐不横肱。(《禮記・曲禮上》)

鄭玄注:"行而張拱曰翔。"從姿勢上看,鳥在盤旋飛行時,常會藉助風力或慣性在空中滑行,此時就不用再扇動翅膀了。高誘於《淮南子・覽冥》"翱翔四海之外"下注云:"翼一上一下曰翱,不扵曰翔。"所謂的"不扵曰翔",指的就是這種滑翔。從情態上看,鳥在盤旋飛行時,一般比較從容安然。反映在句法組合上,"翔"常與"徐""安"等詞共現。例如:

(119) 然後灝溔潢漾,安翔徐徊,翯乎滈滈,東注大湖,衍溢陂池。(《史記・司馬相如列傳》)

(120) 徐行翔佯而歸,絶學捐書,弟子無挹於前,其愛益加進。(《莊子・山木》)

反映在詞義引申系列上,"翔"故而可以引申出"安詳"的意思。比較:

(121) a. 莊子曰:"以瓦投者翔,以鉤投者戰,以黄金投者殆。"其祥一也,而有所殆者,必外有所重者也。外有所重者,泄蓋内掘。(《吕氏春秋・去尤》)

b. 以瓦注者巧,以鉤注者憚,以黄金注者殙。其巧一也,而有所矜,則重外也。凡外重者内拙。(《莊子・達生》)

上面《吕氏春秋》例引用的是《莊子》文。對照兩文,"翔"與"戰、憚""殆、殙"相對。三者分别描述了賭博(投壺之類)時的三種心理狀態,這三種情態的區别取決於對外物的矜守程度:越看重外物則内心越笨拙,越不受制於外物則越自由。相比之下,“翔”表達的是[安詳],是最爲自由從容的情態;“戰、憚”表達的是[擔心懼怕],是有所看重的情態,“殆、惛”表達的則是[昏亂],是過於看重所期待之物而導致的神志不清狀態。有意思的是,《淮南子》也引用了《吕氏春秋》這段文字,高誘注云:“掘,氣不安詳。”這間接表明《吕氏春秋》中“翔”是[安詳]的意思(因爲在《吕氏春秋》這段文字裏,“翔”與“掘”構成反義關係)。

“翾”訓“小飛”,確切詞義不好把握。從具體用例來看,“翾”可用於表達鳥起飛階段的飛行動作,例如:

(122) **翾**飛兮翠曾,展詩兮會舞。(《楚辭·九歌》)

(123) 君子,小人之反也。君子……喜則和而理,憂則静而理;通則文而明,窮則約而詳。小人則不然:……喜則輕而**翾**,憂則挫而懾;通則驕而偏,窮則棄而儑。(《荀子·不苟》)

例(122)朱熹集注:“小飛輕揚之貌。”“喜則輕而翾”説的是小人一高興起來就飄飄然,猶如小鳥展翅起飛的樣子。其中的“翾”字,《韓詩外傳》引用時改成了“快”。由此來看,“翾”所述飛行似乎具有輕快的特點。另外,由[輕快飛行]可以引申出[輕快]的意思,進而引申出[敏捷、聰慧]的意思,後一意思在文獻中可用“儇”“獧”“還”等字來記録。例如:

(124) 並驅從兩肩兮,揖我謂我**儇**兮。(《詩·齊風·還》)

(125) 子之**還**兮,遭我乎峱之間兮。(《詩·齊風·還》)

(126) 不仁而有勇力財能,則狂而操利兵也;不智而辨慧**獧**給,則迷而乘良馬也。(《春秋繁露·必仁且智》)

例(124)毛傳:“儇,利也。”例(125)毛傳:“還,便捷之貌。”“翬”訓“大飛”,指的是[展翅奮力而飛]。與之同源的有“揮”,《説文》訓爲“奮”。王念孫《廣雅疏證·釋詁一》“揮,動也”條下云:“翬,即奮迅之意。”上古文獻中未見用例，東漢文獻有用例，例如：

（127）若夫游鷮高翬，絶阬踰斥。（張衡《西京賦》）

“翬”可能得名於鳥飛時翅膀發出的聲音。《説文・羽部》：“翽，飛聲也。”《詩・卷阿》：“鳳皇于飛，翽翽其羽。”其中的“翽翽”，毛傳訓“衆多”，這屬於文意訓釋，詞義當是［鳥飛之聲］。對此，段注云：“毛比傅下文多吉士、多吉人爲説，許説其字義，故不同也。”“翬翬”即“翽翽”，“翬”“翽”曉紐雙聲，微月旁對轉。《爾雅・釋訓》：“翬翬，飛也。”又《爾雅・釋獸》：“鷹、隼醜，其飛也翬。”舍人注云：“翬翬，其飛疾羽聲也。”由此來看，翅膀要發出翬翬之聲，一方面需要用力拍打，另一方面翅膀本身應該面積也比較大。或許是因爲這個緣故，《爾雅》才將鷹隼視爲［翬］的典型動體，而《説文》以“大飛”相訓，想强調的大概也是“翬”的這種詞義特點吧。

“翏”有一個義位是［高飛］，金文作，像鳥展翅飛行貌。從同源繫聯來看，從“翏”得聲的詞多有［高遠］之義，如“飂”（高空之風）、“寥”（高遠貌）。進一步看來，這些詞的語根可能是摹聲詞“翏”。例如：

（128）夫大塊噫氣，其名爲風，是唯無作，作則萬竅怒呺，而獨不聞之翏翏乎？（《莊子・齊物論》）

通過轉喻，發出翏翏之聲的風可稱之爲“翏”，字或作“飂”；發出翏翏之聲的飛行亦可稱之爲“翏”。

“翥”也是［高飛］，王筠《句讀》：“翥，騫翥，飛舉也。謂自地初起之時也。”《方言》卷十：“翥，舉也。楚謂之翥。”《文選・曹植〈七啓〉》“翔爾鴻翥”，李周翰注：“翥，騫飛奮迅。”《慧琳音義》卷九十“忘翥”注引《集訓》：“翥，謂直飛而疾往也。”由此可知，“翥”是指鳥從地上飛起之時筆直而疾速的狀態，文獻用例如：

（129）雌蜺便娟以增撓兮，鸞鳥軒翥而翔飛。（《楚辭・遠游》）

（130）鳳騫翥於甍標，咸溯風而欲翔。（漢張衡《西京賦》）

第五節　小　結

在上面的分析中,我們已經看到有些位移動詞可能同時編碼了動體、背景和方式中的兩種或三種,前者如“飛”和“游”,後者如“翔”和“騁”。由於人或獸的陸域位移是人類經驗中最常見的位移場景,所以在人們的認知框架中,無標記的動體是人或獸,無標記的背景則是陸域。反映在詞彙層面,表達人或獸的陸域位移的動詞不僅數量最多,而且還根據具體方式作出更細的區分。

同時,我們也注意到,編碼在位移動詞中的動體、背景和方式,都會因隱喻而出現不同程度的語義泛化。其中,動體和背景最容易泛化,它們在泛化時,相關位移動作往往仍保留着跟原先動體或背景密切相關的位移方式,比如“零”所描述位移事件中,動體雖然嚴重泛化,但原先所表位移的零散方式仍一直保留着;又如“涉”,即使背景泛化擴展到沙漠,原先位移的[徒步]方式仍保留着。之所以會這樣,是因爲動體和背景的泛化,主要是由於人們捕捉到了不同動體位移或不同區域位移在方式上的相似性。比如,我們用“游”來表達動體人的游泳動作,不是因爲人長的像魚,而是因爲人的這一位移在方式上很像魚的游動。同樣,當我們用“漂”來形容動體在空中的位移,也是因爲這一位移在方式上很像動體在水中漂浮的情形。因此,一些原先編碼動體或背景的位移動詞,經過語義泛化之後,實際上可以轉變爲編碼方式的位移動詞。既然如此,我們不妨將這些位移動詞視爲廣義上的方式動詞。比如,我們可以把“飛”和“翔”均分析爲方式動詞,兩者之間是上下位關係;而“馳”“騁”“驟”則是屬於同一層次的方式動詞。

第二章　上古漢語位移動詞語義成分的編碼(下):路徑的合併編碼

除了方式動詞,位移動詞的另一個次類就是路徑動詞。顧名思義,路徑動詞就是編碼了[路徑]的位移動詞。路徑本身還是一個複雜的概念,Talmy 將之進一步分解爲以下三種成分:

[向量](Vector):指稱動體相對於背景在某一時點或時段所處的位移階段,常見的類型有[離開](Departure)、[到達](Arrival)和[經過](Travesal)。

[構象](Conformation):指稱在位移路綫中動體與背景所形成的幾何位置關係,常見的類型如内外關係、上下關係等。它涉及背景幾何形狀(點、綫、面、體)的認知處理。

[指示](Deictic):指稱動體位移和説話者位置的關係,即是向説話者位置靠近,還是遠離説話者位置。

Chu(2004:146)則從[路徑]中進一步區分出[方嚮]、[(背景)維度]和[視角],其中[視角]涵蓋了 Talmy 的[指示]。我們只同意其分立[方嚮]的主張;[維度]和[外形]密切相關,無須分立;而[視角]則和説話者所處位置或投射位置直接相關,和動體位移路徑没有直接關係,所以也没有分立的必要。因此,我們所謂的[路徑]由[向量]、[構象]、[指示]和[方嚮]四種語義成分組成。比如,在"球掉進洞裏去了"這句話中,"進"表達了路徑中的[向量]([到達]),同時還和"裏"一起表達了路徑中的[構象]([包含關係]);"掉"表達了位移路徑中的[方嚮]([垂直向下]);"去"則表達了路徑中的[指示]([遠離説話者位置])。

上述這四種語義成分可以視爲[路徑]的四種可選參數,有些路徑動詞只選了其中一種,有些則在多個參數上都有語義規定。同樣,我們也會發現有些路徑動詞同時還編碼了[方式]。對於這些動詞,我們統一將之歸入路徑動詞,理由有二:一方面,這類動詞在經歷語義泛化時,[方式]較容易掉落,而[路徑]則一般會比較頑强地保留下來(詳見本章);另一方面,這些動詞在句法表現上也更接近於純粹的路徑動詞,而跟純粹的方式動詞則有比較大的差異(詳見下一章)。

上古漢語的路徑動詞數量很大,其中有些只編碼了[向量]、[構象]、[指示]、[方嚮]中的一種,如"去"只編碼了[向量:離開],"登"只編碼了[方嚮:上移];有些則編碼了兩種,如"起"編碼了[向量:離開]和[方嚮:上移],"出"編碼了[向量:離開]和[構象:包含];"來"編碼了[指示:向説話者位置靠近]和[向量:到達]。需要指出的是,我們未見同時編碼了三種或四種路徑成分的動詞,也未見同時編碼[構象]和[指示]、[方嚮]和[指示]、[構象]和[方嚮]的動詞。下面結合具體用例加以説明。

第一節　向量的合併編碼

[向量]可以細分爲[離開]、[經過]和[到達]。下面分别舉例説明編碼了這三類向量的動詞。

一、[移動+離開]

編碼[離開]向量的常見位移動詞如"去、離、散、違、出、起、逸"等。這些動詞編碼的是位移的初始階段,即從静止轉向位移

的階段,相應的背景則爲起點背景。例如:

(131) 冬,晉侯圍原,命三日之糧。原不降,命去之。(《左傳·僖公二十五年》)

(132) 父母凍餓,兄弟妻子離散。(《孟子·梁惠王上》)

(133) 君子違,不適讎國。(《左傳·哀公八年》)

(134) 孟子爲卿於齊,出吊於滕,王使蓋大夫王驩爲輔行。(《孟子·公孫丑下》)

(135) 我决起而飛,槍榆枋,時則不至而控於地而已矣,奚以之九萬里而南爲?(《莊子·逍遥游》)

(136) 執而戮之,逸,奔郈。(《左傳·昭公二十五年》)

其中"逸"還編碼了[輕快]這一逃離方式,下面加以分析論證。"逸"的本義是[擺脱束縛後輕快地跑動]。物理範疇的擺脱束縛,通過隱喻,可以表示心理範疇擺脱社會事務後的放縱狀態,從而引申出[安豫不勞]義。在上古傳世文獻中,本義主要用"逸"字來記録,引申義除了"逸"字,更多的是用"佚"字來記録(早期還用"失"字來記録)。如此看來,的確如王力(1982:472)所言,"逸""佚"在"逃跑、喪失""逸樂"兩個義位上是同一個詞。

"逸"字在春秋早期金文中已經可見,所記録是[安豫不勞]義。其本義用例最早見於《左傳》。"逸"有[輕快]的詞義特點,所以造字時才取從兔會意。在古人眼裏,兔子是行進速度飛快的動物之一,故而馬跑得快常以兔來比擬形容。段玉裁於《説文·馬部》"騻,馬逸足者也"下注云:"逸當作兔。《廣韻》曰:'騻兔,馬而兔走。'《玉篇》曰:'騻兔,古之駿馬也。'《吕氏春秋》高注曰:'飛兔、要裹皆馬名也,日行萬里,馳若兔之飛,因以爲名也。'""逸"[輕快]的詞義特點在與之同源的"軼""駃"中也有體現。"軼"表達的是後車輕快超過前者的場景,"駃"則是形容馬跑得飛快。[①]

至於"逸"最初是否編碼了動體(比如兔等小型獵物),已經很難確定。在上古文獻中,我們看到其動體除了人(多數是俘虜),也可以是馬、彘等動物,例如:

(137) a. 左並轡,右援枹而鼓。馬逸不能止,師從之。(《左傳·成公二年》)

b. 拊而發之,彘逸出於竇中,馬退而却,策不能進前也,馬騂而走,轡不能正也。(《韓非子·外儲説右下》)

二、[移動+經過]

編碼[經過]向量的常見位移動詞如"過、越、踰、經、歷、渡、涉、濿、馮、濟、遵、循、順、沿、溯"等。這些動詞都編碼了位移的中間階段——經過,即動體從某個位置的一邊(一頭)移動到另一邊(一頭)的過程,相應的背景爲經點背景。"涉、濿、馮、濟、度"在第一節已有分析,此處例子不再重複列出。下面着重分析"過、越、踰、經、歷、率、遵、循、順、沿、溯",其中有部分動詞同時還編碼了[方式]或[構象]。

(一) 過、越、踰

《説文·辵部》:"過,度也。""過"是上古漢語編碼[離開]向量位移動詞中最爲常用的一個,也是語義限制最少、組合能力最强的一個。在14部上古傳世文獻中,"過"僅表達空間範疇經過的用例就有427例。根據具體用例來看,"過"在上古時期語義已經相當泛化[②],對位移的動體、背景、方式都没有限制。首先,動體可以是人、動物,也可以是風、日、水流之類的無生命實體。例如:

---

① 詳細用例和訓詁證據見王力(1982:472)、張希峰(2000:274、275)。

② "過""越""跨"同源,因此"過"最初應該還編碼了位移方式[跨]。

(138) a. 息嬀將歸,過蔡。(《左傳·莊公十年》)

b. 然馬過於圃池而駙馬敗者,非芻水之利不足也,德分於圃池也。(《韓非子·外儲説右下》)

c. 一雀過羿,羿必得之,則羿誣矣。(《韓非子·難三》)

(139) a. 風之過河也有損焉,日之過河也有損焉。(《莊子·徐無鬼》)

b. 導河積石,至於龍門,南至於華陰,東至於厎柱,又東至於孟津,東過洛汭,至於大伾;北過降水,至於大陸,又北播爲九河,同爲逆河,入於海。(《尚書·禹貢》)

另一方面,所經過的背景既可以是水域,也可以是陸地上的各種處所,還可以是人等對象。這一點有别於"度"。例如:

(140) 有過於江上者,見人方引嬰兒而欲投之江中(《吕氏春秋·察今》)

(141) 三十三年春,秦師過周北門,左右免胄而下,超乘者三百乘。(《左傳·僖公三十三年》)

(142) 南蒯之將叛也,其鄉人或知之,過之而歎。(《左傳·昭公十二年》)

例(140)的背景爲水域(江),例(141)和例(142)的背景爲陸域(周北門和南蒯)。從上述"過"的用例我們還可以看出,"過"所表位移對方式也没有具體規定,這一點有别於"越"。動體從背景區域内部經過,如例(138b);旁邊經過,如例(141);上方經過,如例(139a),都可以用"過"來表達,如上舉的"馬過於圃池""過周北門""日之過河"。

"越"的本義是[跨過],因而同時還編碼了[方式:跨]。書面詞形有"越、戉、逑"(王力,1982:488)。《説文·走部》:"越,度也。"《辵部》:"逑,踰也。《易》:'雜而不逑。'"今《易·繫辭》作"雜

而不越”。《詩》中有 1 例“越”的隱喻用法,例如:

(143) 率履不**越**,遂視既發。(《詩・商頌・長發》)

鄭箋以“逾越”訓該例的“越”,這個“越”表達的是[跨過社會等級],是由表達[跨過空間]的用法衍生出來的。在《左傳》中我們可以見到一些“越”表達[跨過空間]的用例。例如:

(144) 子爲正卿,亡不**越**竟,反不討賊,非子而誰?(《左傳・僖公二年》)

(145) 文公躬擐甲冑,跋履山川,踰**越**險阻,征東之諸侯,虞、夏、商、周之胤而朝諸秦,則亦既報舊德矣。(《左傳・成公十三年》)

不過,在整個上古時期,“越”使用頻次普遍不高,在 14 部上古傳世文獻中共 51 例,其中用於空間範疇總共 29 例。根據具體用例來看,在“越”所描述的典型場景中,動體爲人,背景是綫狀物體(諸如邊境綫、溝渠、河流等),採取的位移方式則是[跨],即直接從背景的上方經過,而没有接觸到背景。最能體現這一場景的是下面這個例子:

(146) 醉者**越**百步之溝,以爲蹞步之澮也;俯而出城門,以爲小之閨也:酒亂其神也。(《荀子・解蔽》)

該例中喝醉酒的人(動體)之所以敢直接跨百步寬的水溝,是因爲他們以爲自己所面對的只是半步寬的小溝而已。又如:

(147) 雖然,不可行之物也,譬若挈太山**越**河、濟也。(《墨子・兼愛中》)

該例明言越河、濟是人所不能之事,這只是説人不能徒步跨過河、濟。要想突破這一限制,人們可以通過乘船、架橋來實現。例如:

(148) 橋梁之設也,足不能**越**溝也;車馬之用也,走不能追遠也。(《論衡・程材》)

該例中明言,之所以建造橋梁是因爲“足不能越溝”。在這裹,“越溝”所言絶非一般的渡水場景，而是具體指以跨的方式經過水溝。值得注意的是，“越”用於描寫過水域場景的用例，没有一條明言或暗示採取了乘船或架橋方式。這也證明“越”的語義中編碼了位移方式[跨]。

有些時候，所越的背景在現實中根本不可能以跨的方式經過。這時説話者用“越”來表達這類位移事件，是出於誇張，詞義已有引申。這些用例跟我們今天所言的“跨過鴨緑江”相類。例如：

(149) 若燕、秦、齊、晉，山處陸居，豈能踰五湖九江、越十七阨以有吴哉？（《吕氏春秋・長攻》）

高誘注：“踰，度也。越，歷也。謂彼險難也。”“阨”是指險要狹長之地。“越十七阨”是説經歷十七處險阻。

“踰”的本義爲[從上面或上方經過]，因而同時還編碼了[構象：上面或上方]，書面詞形爲“踰、逾”。《説文・足部》：“踰，越也。”《辵部》：“逾，越進也。”但是，從文獻用例來看，這兩個字並没有這樣的職能區別。在記録[經過]及其引申義[超出]時，各上古文獻使用“踰”“逾”二字的大致情況如下：

表 2-1　上古文獻中“踰”“逾”二字記録[越過]及其引申義[超出]的情況（單位：例）

文獻	書	詩	左	國	論	墨	孟	莊	荀	韓	吕	策	史
逾	6	4	0	1	4	0	12	0	0	0	0	0	0
踰	0	0	20	12	0	6	0	0	13	15	5	14	41

由上表可見：在記録[越過]這一義位時，“踰”“逾”二字主要是異體關係；並且在戰國和西漢時期，“踰”字占了絶對優勢。在中古時期，主要也是使用“踰”字，但也有些作品因爲撰者個人偏好而採用“逾”字（如《論衡》和《世説新語》）。二字在中古文獻中記録

[越過]及其引申義[超出]時的使用情況如下:

表 2-2　中古文獻中"踰""逾"二字記録[越過]及其引申義[超出]的情況(單位:例)

文獻	論衡	東漢-南北朝佛經	搜神記	世説新語
逾	27	1	1	7
踰	0	36	4	0

在"踰"所描述的位移事件中,動體均爲人,所踰背景最常見的是墻垣(17 例)、河流溝渠(16 例)和山丘(13 例);除此之外,都邑、門檻、臺階、邊境也有一些用例。總體上看,所踰背景多爲綫狀,動體位移軌迹和背景形成相交狀態。例如:

(150) 梁車新爲鄴令,其姊往看之,暮而後門閉,因**踰**郭而入,車遂刖其足,趙成侯以爲不慈,奪之璽而免之令。(《韓非子·外儲説左下》)

(151) 令張孟談**踰**城潛行,與魏桓、韓康期而擊智伯,斷其頭以爲觴,遂定三家,豈非用賞罰當邪?(《吕氏春秋·義賞》)

(152) 師及齊師戰於郊。齊師自稷曲,師不**踰**溝。(《左傳·哀公十一年》)

(153) 去邠,**逾**梁山,邑於岐山之下居焉。(《孟子·梁惠王下》)

(154) 遂南征伐楚,濟汝,**踰**方城,望汶山,使貢絲於周而反。(《國語·齊語》)

(155) 婦人送迎不出門,見兄弟不**踰**閾,戎事不邇女器。(《左傳·僖公二十二年》)

(156) 禮:朝庭不歷位而相與言,不**逾**階而相揖也。(《孟子·離婁下》)

(157) 今王公大人之爲政也,自殺一不辜人者,踰人之牆垣、扭格人之子女者,與角人之府庫、竊人之金玉蚤絫者,與踰人之欄牢、竊人之牛馬者,與入人之場園、竊人之桃李瓜薑者,今王公大人之加罰此也,雖古之堯舜禹湯文武之爲政,亦無以異此矣。(《墨子·天志下》)

(158) 仲尼將爲司寇,沈猶氏不敢朝飲其羊,公慎氏出其妻,慎潰氏踰境而徙,魯之粥牛馬者不豫賈,修蚤正以待之也。(《荀子·儒效》)

(159) 夏五月辛卯,司鐸火。火踰公宫,桓、僖災。(《左傳·哀公三年》)

值得注意的是,同是用於描寫經過背景的位移,"踰"與"歷""穿"有着很明顯的差異。拿[歷階]和[踰階]來説,後者是從某個(或某些)臺階上空經過的情景,因而一定有某個(或某些)臺階没有和動體的雙脚發生接觸,而在歷階過程中,所有臺階都和且只和動體的一隻脚發生接觸。再拿[踰墻]和[穿牆]來説,前者是從牆體的上面或上方經過,後者則是從牆體的内部經過。通過這兩個對比,我們可以比較直觀地感覺到,位移動作[踰]發生時,動體與背景實際上形成了一種特殊的空間位置關係,即動體從背景上面或者上方經過。

(二) 經、歷

"經"有一個義位是[從當中經過],因而同時還編碼了[構象:中間]。在14部上古傳世文獻中,《尚書》和《莊子》各有1例,《吕氏春秋》3例,《史記》10例。由此來看,表經過義的"經"當萌芽於戰國末期。《尚書》1例年代偏早,有些可疑,該例如下:

(160) 不知天命不易、天難諶,乃其墜命,弗克經歷。(《尚書·君奭》)

僞孔傳:"天命不易,天難信無德者,乃其墜失王命,不能經久歷

遠,不可不慎。"在《莊子》《吕氏春秋》和《史記》中,有3例"經"是用於描述時間範疇的經過。例如:

(161) a. 求之其本,經旬必得;求之其末,勞而無功。(《吕氏春秋·本味》)

b. 先王之法,經乎上世而來者也,人或益之,人或損之,胡可得而法?(《吕氏春秋·察今》)

c. 有土君國以來,爲王侯,子孫相承不絶,歷年經世,以至於今,凡百餘歲,豈可與功臣及身失之者同日而語之哉?(《史記·建元以來侯者年表》)

剩餘11例"經"均用於描述空間範疇的經過。從這些例子來看,動體可以是人、馬、神靈等自控移動體,例如:

(162) a. 今之燕必經趙,臣不可以行。(《史記·樗里子甘茂列傳》)

b. 後伐大宛得千里馬,馬名蒲梢,次作以爲歌。歌詩曰:"天馬來兮從西極,經萬里兮歸有德。……"(《史記·樂書》)

c. 若然者,其神經乎大山而無介,入乎淵泉而不濡,處卑細而不憊,充滿天地。(《莊子·田子方》)

也可以是水流、星星等無自主控制移動能力的實體,例如:

(163) a. 西家高,吾宫庳,潦之經吾宫也利,故弗禁也。(《吕氏春秋·召類》)

b. 漢家常以正月上辛祠太一甘泉,以昏時夜祠,到明而終。常有流星經於祠壇上。(《史記·樂書》)

c. 殷紂之國,左孟門,右太行,常山在其北,大河經其南,修政不德,武王殺之。(《史記·孫子吴起列傳》)

所經背景既可以是陸域的宫室、祭壇、國家,也可以是穹天。在經過時，動體既可以與背景有接觸關係，如例(163a)水之經過宫室，也可以没有接觸關係，如例(163b)流星之劃過祭壇。值得注意的是，在所有這些用例中，動體和背景在空間位置關係上都存在這樣一個共性：動體路綫横穿過或横跨過面結構的背景。這一特點在下面這例表達虚擬位移的句子中體現得更爲明顯：

(164) 王之地一經兩海，要約天下，是燕、趙無齊、楚，齊、楚無燕、趙也。(《史記·春申君列傳》)

該句的説話者是楚國的春申君，他聽説秦國要攻打楚國，就前去勸秦王放棄這一念頭，改爲攻打韓國和魏國。對於其中所言的"王之地一經兩海"，司馬貞《索隱》云"謂西海至東海皆是秦地"，張守節《正義》云"廣言横度中國東西也"。據此，春申君整句話的意思是，如果秦王攻打韓國和魏國並使之成爲附庸，那秦國的領土就等於是横跨天下、貫通東海和西海；如此一來，燕、趙和齊、楚就被劃開，秦國横居在兩者之間，故而"燕、趙無齊、楚，齊、楚無燕、趙也"。通過上述這一分析，我們可以看出，該例將秦國國土範圍的拓展視爲一個虚擬的位移過程，即向東横穿燕趙和齊楚直達東海，這生動體現出了[經]横穿面結構背景的特點。

在不斷運用中，"經"對空間構象的這一語義要求有時會被打破，《搜神記》和《世説新語》中有這樣的例子，例如：

(165) a. 若有行人經過其旁，皆以長繩相引，猶故不免。(《搜神記》卷十二)

b. 後有一蛇夜出，經柱側，傷於刃，病不能登，於是覺之。(《搜神記》卷十九)

c. 桓温行經王敦墓邊過，望之云："可兒！可兒！"(《世説新語·賞譽》)

上述 3 例都是動體從背景旁邊經過，因而肯定不具有横穿或横越的詞義特點。

"歷"的本義爲[依次經過],因而同時還編碼了[方式:依次]。殷商卜辭作或,象人行經野地的景象(朱歧祥,1989:240),上從二禾或二木,象所經野地上依次連續排列着的禾苗或樹木。《説文・止部》:"歷,過也,傳也。从止厤聲。""傳"爲依次連續遞交,以之訓"歷",可見許慎也認爲"歷"包含[依次連續]的詞義特點。段玉裁於"歷"字下注云"引申爲治曆明時之曆";所謂"曆",正是對年月日的連續編次,亦含[依次連續]之意,因而"曆"實際上是"歷"的分化字。與"歷"同源的有"秝"和"瀝"。"秝",《説文・秝部》訓"稀疏適秝[①]也",指的是依次連續排列的樣子;"瀝",《説文・水部》訓"漉"和"水下滴瀝",指的是水滴依次連續下滴的動作。另外,"歷"詞義引申後衍生出了表"依次"義的副詞,這一點也可以佐證"歷"本義中存在[依次]這一語義成分。

從文獻分布來看,表經過義的"歷"的最早用例見於西周晚期,用於描述時間範疇。例如:

(166) 厤自今。(《毛公鼎》,西周晚期)

在12部上古傳世文獻中(不含《書》《詩》),表經過義的"歷"共有45例,其中用於描述時間範疇28例,用於描述空間範疇17例。例如:

(167) a. 及歷殷、周,莫之發也。(《國語・鄭語》)

b. 尚書有唐虞之侯伯,歷三代千有餘載,自全以蕃衛天子。(《史記・高祖功臣侯者年表》)

c. 舜之相堯、禹之相舜也,歷年多,施澤於民久。(《孟子・萬章上》)

(168) a. 禮:朝庭不歷位而相與言,不逾階而相揖也。(《孟子・離婁下》)

b. 孔子趨而進,歷階而登……(《史記・孔子世家》)

---

① "適秝"的"秝"字爲段玉裁所補,可從。

c. ……涉狐奴，歷五王國……（《史記·衛將軍驃騎列傳》）

上述例子中，所歷對象有朝代、年份、朝位和臺階，都可視爲綫性連續排列的個體或由這些個體組成的群體（如三代、五王國）。“歷”的這種語義要求在“歷階”中體現得尤爲明顯。在上引《史記·孔子世家》例，司馬貞《索引》引王肅語云：“歷階，登階不聚足。”其中提到的“聚足”指“並脚”，“登階聚足”意謂走一階並一次足。因此，“歷階”描述的是“一步一個臺階，絶不並足”的登階方式，這是一個依次連續經過各個臺階的位移過程。需要指出的是，在《史記》中，“歷”有 4 例已經明顯淡化了[依次]這一位移方式，其中的背景是單一的離散個體。例如：

(169) 二世元年，東巡碣石，並海南，歷泰山，至會稽，皆禮祠之，而刻勒始皇所立石書旁，以章始皇之功德。（《史記·封禪書》）

(170) 故道河自積石歷龍門，南到華陰，東下砥柱，及孟津、雒汭，至於大邳。（《史記·河渠書》）

(171) 斬獲旗鼓，歷涉離侯。（《史記·衛將軍驃騎列傳》）

(172) ……歷封巒，過鳷鵲，望露寒……（《史記·司馬相如列傳》）

例(171)司馬貞《索隱》：“《漢書》作‘度難侯’。小顔云‘山名’。歷，度也。”例(172)裴駰《集解》：“駰案：《漢書音義》曰‘皆甘泉宫左右觀名也’。”這種用例在中古文獻中也不多見，查檢《論衡》《三國志》《搜神記》和《世説新語》，只發現如下這例[①]：

---

① 東漢至南北朝的佛經中，有“歷王舍城”“歷城中”之類的用法，所經過的背景是城市。城市既可以視爲單個的離散個體，也可以視爲由多個離散個體（諸如房屋、街道等）組成的群體。因此，這些用例中的“歷”很難判定是否已經淡化了[依次]這一位移方式。

(173) 顧和始爲楊州從事。月旦當朝,未入頃,停車州門外。周侯詣丞相,**歷**和車邊。(《世説新語·雅量》)

(三) 率、循、遵

"率、循、遵"同源,均有一個義位是[遵循背景邊側而行],因而均編碼了[構象:邊側]。在"率、循、遵"所描述的位移過程中,動體的位移軌迹一般跟背景邊綫形成平行關係,這跟"越、踰、經"明顯不同。"率"書面詞形爲"率、帥"。在金文中,西周早期只見表[率領]義的"率",[遵循]義的用例始見於戰國晚期金文。例如:

(174) 王令(命)南宫**逹**(率)王多士,師𩰫父**逹**(率)小臣。(《柞伯簋》,西周早期)

(175) 克怸(順)克卑(俾)。亡不**率**仁。敬怸(順)天悳(德)。(《中山王礐鼎》,戰國晚期)

在14部上古傳世文獻中,"率"的常用義位也是[率領]。[遵循]義用例共有74例,54例集中分布在《尚書》《詩經》(均見於《雅》《頌》)、《左傳》《國語》四書中;其餘20例零散分布在其餘10部書中,裏面有10來例爲直接引用上述四書用語。如此看來,表遵循義的"率"在上古前期曾活躍過一段時間,春秋以降就大爲衰落。

根據具體用例來看,動體既可以是人,也可以是鳥獸等動物;位移背景既可以是在陸域(包括水邊陸地),也可以是在空中。在這些位移中,動體的位移都是順着背景的邊緣。例如:

(176) 有芃者狐,**率**彼幽草。(《詩·小雅·何草不黄》)

(177) 交交桑扈,**率**場啄粟。(《詩·小雅·小宛》)

(178) 古公亶父,來朝走馬,**率**西水滸,至於岐下。(《詩·大雅·緜》)

(179) 鴥彼飛隼,**率**彼中陵。(《詩·小雅·沔水》)

"循"用於空間範疇時,所循可以是海,也可以是陸域的山、牆等背景。例如：

(180) 若出於東方，觀兵於東夷，**循**海而歸，其可也。(《左傳·僖公四年》)

(181) 一命而僂，再命而傴，三命而俯，**循**墻而走，亦莫余敢侮。(《左傳·昭公七年》)

(182) 欲自武城還，**循**山而南。(《左傳·昭公二十三年》)

“遵”用於空間範疇共10例，其中8例分布在《詩》中。至於動體，則既可以是人，也可以是鳥。例如：

(183) **遵**大路兮，掺執子之袪兮。(《詩·鄭風·遵大路》)

(184) 女執懿筐，**遵**彼微行，爰求柔桑。(《詩·豳風·七月》)

(185) **遵**彼汝墳，伐其條枚。(《詩·周南·汝墳》)

(186) 鴻飛**遵**渚，公歸無所，於女信處。(《詩·豳風·九罭》)

(187) 吴王夫差既勝齊人於艾陵，乃使行人奚斯釋言於齊，曰：“寡人帥不腆吴國之役，**遵**汶之上，不敢左右，唯好之故。”(《國語·吴語》)

(188) 吾欲觀於轉附、朝舞，**遵**海而南，至於琅琊，寡人何修(通循)，則夫先王之游？(《晏子春秋·内篇問下》)

例(184)毛傳：“微行，牆下徑也。”例(185)毛傳：“遵，循也。汝，水名也。墳，大防也。”例(186)鄭箋：“鴻，大鳥也。”

(四) 順、沿、溯

“順”與“逆”相反，有一個義位是[順着水流方嚮行進]，背景爲具有位移方嚮的水流。通過隱喻，背景擴展爲同樣具有位移方嚮的風。例如：

(189) 昔者楚人與越人舟戰於江，楚人**順**流而進，迎流而退，見利而進，見不利則其退難。(《墨子·魯問》)

(190) **順**流而東行，至於北海，東面而視，不見水端。(《莊子·秋水》)

(191) 廣成子南首而卧,黄帝順下風膝行而進……(《莊子·在宥》)

"沿"有一個義位是[順水邊而行],背景爲具有位移方嚮的水流。《説文·水部》:"沿,緣水而下也。"在上古文獻中,"沿"的用例不多,共11例,其中有9例是用於空間範疇。在這9例中,動體均爲人,背景均爲水流,方嚮上大都是順着水流動的方嚮。例如:

(192) 沿漢泝江,將入郢。(《左傳·文公十年》)

(193) 歸不稔於歲,余沿江泝淮,闕溝深水,出於商、魯之閒,以徹於兄弟之國。(《國語·吴語》)

上述兩例中"沿"與"泝"相對,"泝"編碼的是[逆流而上],"沿"編碼的是[順流而下]。不過在具體使用中,"沿"詞義發生泛化,也可用於表達逆流而上的位移,例如:

(194) 子沿漢而與之上下,我悉方城外以毁其舟,還塞大隧、直轅、冥阨。(《左傳·定公四年》)

該例説到"與之上下",意爲在漢水上下巡邏,其中當然既有順流而下,也有逆流而上。如果考慮到"沿""緣"同源,以及"沿"引申義列中有[靠邊][岸邊]等義位,我們還可以進一步推測:"沿"在創制之初,其所編碼概念應該是[順着水邊而行],即在詞義上對動體與背景的空間配位關係也有所規定。

"泝"有一個義位是[逆水而行],背景爲具有位移方嚮的水流,在上古傳世文獻中共有10例。具體用例見上面"沿"部分,此不贅引。據黄易青(2007:401),"泝""逆"同源,上古音同爲疑紐鐸部。由此看來,以"泝"來編碼[逆水而行],理據在於動體位移方嚮與背景流動方嚮相背。從字的層面來看,"泝"不妨看作是"逆"字的廣義分化字。

三、[移動＋到達]

編碼[到達]向量的常見位移動詞如“至、到、臻、各、及、極、際、造、就、即”等。這類動詞表達了位移的終止階段，即從移動到静止的過程，相應的背景爲終點背景。下面對這些動詞的詞義分别加以分析，其中有些動詞還同時編碼了[方式]和[背景]。

(一) 至、到、臻

“至”是該類動詞中使用頻次最高，組合能力最强的一個。“至”《説文・至部》訓爲“鳥飛從高下至地也”。結合古文字資料來看，“至”詞義中並没有規定動體爲鳥，也没有限定方嚮爲下移。甲金文字形作或①，取象於箭矢射中靶子(參林義光《文源》卷六的説法)。方嚮既可以由上向下，也可以由下向上。吴其昌《金文名象疏證續》云：“鏑之上下雖異，而其表示射及於物則一也。是故‘至’字之最初之義爲‘及’。”説的正是這個意思。在“至”的隱喻用法中，我們也可以看到“至”詞義中没有規定位移方嚮爲[向下]，比較：

(195) 説義以聽，方術信行，能令人主上至於王，下至於霸，我不若子也。(《吕氏春秋・贊能》)

《爾雅・釋詁上》：“詹，至也。”邵晉涵《正義》：“從高而下曰至，自外而來亦曰至。”這説的是“至”的言語義。從文獻用例來看，“至”既可以表達靠近説話者的位移，也可以表達遠離説話者的位移。例如：

(196) 行春令，則暖風來至，民氣解墮，師旅必興。(《吕氏春秋・季秋紀》)

(197) 其法以天清净，無陰雲風雨，夜半遣輕騎，往至敵人之

---

① 《父乙彝》“至”字形作，箭矢射及物體之情形更爲明顯。

壘。(《六韜・五音》)

《説文・至部》:"到,至也。""到"字金文中已經出現①,但[到達]義的用例却要到《詩經》才可以看到,例如:

(198) 蹶父孔武,靡國不到。(《詩・大雅・韓奕》)

鄭箋:"蹶父甚武健,爲王使於天下,國國皆至。"《論語》中有 2 例,用於時間範疇;《莊子》《戰國策》中分别有 1 例、6 例,均用於空間範疇。例如:

(199) 管仲相桓公,霸諸侯,一匡天下,民**到**於今受其賜。(《論語・憲問》)

(200) 伯夷、叔齊餓於首陽之下,民**到**於今稱之。(《論語・季氏》)

(201) (孔子)歸**到**魯東門外,適遇柳下季。(《莊子・盗跖》)

(202) 今君**到**楚而受象牀,所未至之國,將何以待君?(《戰國策・齊策三》)

在《史記》中,"到"用於空間範疇者增加到 46 例,同時[到]的動體範圍不再局限於人,還可以是公文等無生實體,例如:

(203) 其令天下吏民,令**到**出臨三日,皆釋服。(《史記・孝文本紀》)

(204) ……,檄**到**,亟下縣道,使咸知陛下之意,唯毋忽也。(《史記・司馬相如列傳》)

《説文・至部》:"臻,至也。""臻"對到達的具體方式有所要求。通過同源詞繫聯和組合關係的考察可以推知,"臻"具體表達的是[頻繁地到達]。這一論斷比較準確地捕捉到了"臻"的詞義特點,不過在表述上可以把其中的"頻繁"改爲"緊凑",這樣或許

---

① 金文中,"到"字作[illegible]或[illegible],或從至從人,或從至從企,爲會意字。小篆字形從至刀聲,其中的"刀"當爲"人"所變。

更恰當些。下面作具體論證。①

首先,從組合關係來看,表[到達]的"臻"作謂語時,前面經常受表重複情態的詞語(如"荐/薦""並")修飾,而其主語所指的動體多由多個個體組成。整個句子表達的是[多個動體緊湊到達]的場景。例如:

(205) 天降喪亂,饑饉薦臻。(《詩·大雅·雲漢》)

(206) 又重之以寡君之不禄,喪亂並臻。(《國語·晉語二》)

(207) 嘉生不降,無物以享,禍災荐臻,莫盡其氣。(《國語·楚語下》)

(208) 故當若天降寒熱不節、雪霜雨露不時、五穀不孰、六畜不遂,疾菑戾疫、飄風苦雨、荐臻而至者,此天之降罰也,將以罰下人之不尚同乎天者也。(《墨子·尚同中》)

例(205)毛傳:"薦,重也。"例(208)孫詒讓《墨子閒詁》:"荐、薦同。《毛詩·大雅·節南山》傳云:'薦,重也。'《爾雅·釋詁》云:'臻、仍,乃也。''仍'與'重'義亦同。"②

其次,從同源詞繫聯來看,與"臻"(莊紐真部)同源的詞都有[密集]的詞義特點:單純詞如"稹""鬒(㐱)"(章紐真部)等③;重疊式合成詞如"臻臻"(該詞書面詞形不定,詳下文)。"稹"義爲草木叢生。《詩·唐風·鴇羽》:"肅肅鴇羽,集於苞栩。"毛傳:"苞,稹。"鄭箋:"稹者,根相迫迮梱致也。""鬒"義爲頭髮濃密。《説文·彡部》云:"㐱,稠髮也。……鬒,㐱或从髟真聲。"段注:"稠者

① 論證思路和材料基本取自李國英(2010,授課)。

② 有時,文獻中也假借"溱"字來記録[到達]義。例如《漢書·谷永傳》:"甲己之間暴風三溱,拔樹折木。"顏師古注:"溱與'臻'同。臻,至也。"

③ 另外,"荐、栫"(從紐文部)、"薦"(精紐文部)等亦可繫聯爲同源詞,這些詞均有[重複]的詞義特點。

多也。禾稠曰稹,髮稠曰㐱。其意一也。”“臻臻”書面詞形不固定,有“臻臻”“蓁蓁”“榛榛”“溱溱”等多種形式。例如:

(209) 修榦紛錯,緑葉臻臻。(漢王逸《荔枝賦》)

(210) 蝮蛇蓁蓁,封狐千里些。(《楚辭·招魂》)

(211) 觀衆樹之蓊薆兮,覽竹林之榛榛。(《漢書·司馬相如傳下》)

(212) 旐維旟矣,室家溱溱。(《詩·小雅·無羊》)

例(210)朱熹《集注》:“蓁蓁,積聚之貌。”例(212)毛傳:“溱溱,衆也。”該詞或用於形容樹木,或用於形容動物,所描述事物的狀態是多而緊密,密而紛亂。緊密叢生,所涉對象當然繁多,故而注疏中多以“盛貌、衆貌”相訓也就不足爲怪了。有時,該詞還可用於描述動態的情景。例如:

(213) 腠理發泄,汗出溱溱。(《靈樞經·决氣》)

該例説的是“發汗”,描述的是汗水一個緊接一個冒出的場景。在這裏我們可以看到,空間密度與時間密度的相通之處:單位空間中個體的高密度聚集,類似於單位時間内動作的高頻發生,兩者的共同點就是[緊凑]。

最後,從詞義引申來看,“臻”能引申出[重複]、[積聚]等意義,也可證明其[緊凑]的詞義特點。《爾雅·釋詁》有三條直接涉及“臻”,第一條以“至”訓“臻、極、到”等詞,第二條以“乃”訓“臻、仍、迺”等詞,第三條以“臻”訓“薦、摯”。第一條和第三條涉及的是[到達]義的“臻”,第二條涉及的是“因仍、重複”義的“臻”。郝懿行《爾雅義疏》云:“臻者,下文云薦也。薦與荐同。《釋言》云:荐,再也。又與洊同,與臻通。《易·坎傳》云‘水洊至’,《釋文》引京房作臻,干寶作洊。《説文》洊作瀳,從薦聲,讀若尊,是薦臻聲轉。薦訓重也、再也,與仍義又同矣。”此外,在詞彙雙音化大潮中,“臻”形成了“臻萃”“臻凑”等一系列[積聚]義的合成詞,其中

［緊凑］的語義特點仍隱約可見。

（二）各、及

“各”有一個義位是［到達］。殷商卜辭字形作或，取象於人足朝向所居洞穴，表［到達］之義。[①] 根據《殷墟甲骨刻辭類纂》（1989，301—302）來看，“各”的本義用例已經很常見。例如：

（214）王入，廼**各**於祭。（《合集》27165）

（215）大水不**各**？/其**各**？（《合集》33348）

在金文中，“各”也很常見，僅西周早期就有 13 例。字或加彳、辵等形旁。例如：

（216）王**各**周廟。（《小盂鼎》，西周早期）

（217）王**逽**于庚贏宫。（《庚贏卣》，西周早期）

（218）尹**徦**于宫。（《執卣》，西周早期）

在傳世文獻中，“各”或用“假”字記録，或借用“格”“假”來記録。《方言》卷一：“徦，至也。邠、唐、冀、兖之間曰假，或曰徦。”郭璞注：“古格字。”又，卷二：“徦，來也。自關而東周鄭之郊、齊魯之間或謂徦。”《説文・彳部》：“假，至也。”段注：“《毛詩》三《頌》，‘假’字或訓大也，或訓至也。訓至則爲假之假借。”例如：

（219）四海來**假**，來**假**祁祁。（《詩・商頌・玄鳥》）

（220）行春令，則蟲蝗爲敗，暴風來**格**，秀草不實。（《吕氏春秋・孟夏紀》）

例（219）鄭玄箋：“假，至也。”從總體上看，表到達義的“各”在春秋戰國文獻中甚爲罕見，總用例不到 10 例，説明此時表到達義的“各”已經差不多是個瀕臨死亡的古語詞了。

“及”的本義爲［追到］。《説文・又部》：“及，逮也。從又人。”

① 陳年福（2001：54）認爲“各”字是“落”字的初文，“各”的本義爲［從上下來］。按照這一説法，“各”在語義上就對位移方嚮也有了要求。此説待考。

甲金文作、等形，正象手抓到人，會追到之意。在甲骨卜辭中，“及”的本義用例已經比較常見，例如(陳年福，2001：111)：

(221) 其呼戍禦方，及。/戍弗<u>及</u>。(《合集》28013)

跟“至、到”相比，“及”的特點在於，所及是一個移動的實體，而前者則一般都是静止的實體或處所。

(三) 極、際

“極”本義指[房屋中央最高的棟梁]，引申後泛指[極點]，轉而衍生出[到達極點]的意思。《説文・木部》：“極，棟也。”段注：“引伸之義，凡至高至遠皆謂之極。”在《尚書》《詩經》等上古傳世文獻中，“極$_{(到達)}$”共10例。例如：

(222) 豈敢憚行，畏不能<u>極</u>。(《詩・小雅・緜蠻》)

(223) 齊朝駕則夕<u>極</u>於魯國，不敢憚其患，而與晉共其憂。(《國語・魯語下》)

例(222)鄭玄箋：“極，至也。”例(223)韋昭注：“極，至也。”

“際”本義指[交接處]。《説文・𨸏部》：“際，壁會也。”引申後產生了[到達交接處]的意思。兩個實體的交接處也即每一個實體的邊界和終止處。所以，到達交界處，也即到達終點。記録該義位的字有時也借用“察”。王念孫《廣雅疏證・釋詁》云：“《管子・内業篇》云：‘上察於天，下極於地。’《淮南子・原道訓》‘高不可際’，高誘注：‘際，至也。’際與察，古亦同聲，故《原道訓》‘施四海，際天地’，《文子・道原篇》作‘施於四海，察於天地’。”

(四) 造、就、即

“造”有一個義位是[趨近、到達]，最早的用例或許可以推到西周早期，例如：

(224) 中省自方。复<u>遉</u>(造)□邦。(《中甗》，西周早期)

上例“造”釋讀上尚有争議。因此，更謹慎地説，表趨近、到達義的“造”始見於《書》和《詩》。例如：

(225) 其有衆咸造,勿褻在王庭。(《尚書·盤庚中》)

(226) 既登乃依,乃造其曹。執豕于牢,酌之用匏。(《詩·大雅·公劉》)

例(225)僞孔傳:"造,至也。"例(226)鄭箋云:"公劉既登堂負扆而立,群臣乃適其牧群,搏豕於牢中,以爲飲酒之殽。酌酒以匏爲爵,言忠敬也。"表趨近、到達義的"造"在 14 部上古傳世文獻中共有 44 例,這説明它在上古時期一直都不怎麼活躍。根據具體用例來看,動體絶大多數是人,只有 1 例是無生命的兵器("直兵"),該例如下:

(227) 崔杼不説,直兵造胸,句兵鈎頸,謂晏子曰:"子變子言,則齊國吾與子共之;子不變子言,則今是已。"(《吕氏春秋·知分》)

終點背景既可以是有生命體,也可以是處所。例如:

(228) 使行人執榼承飲,造於子重,曰:"寡君乏使,使鍼御持矛,是以不得犒從者,使某攝飲。"(《左傳·成公十六年》)

(229) 越使死士挑戰,三行造吴師,呼,自剄。(《史記·吴太伯世家》)

(230) 景伯負載,造於萊門。(《左傳·哀公八年》)

(231) 今黄城將下矣,已,將移兵而造大國之城下。(《戰國策·宋衛策》)

"就"的本義當是[向高處趨近],詞義泛化後義爲[趨近]。《説文·京部》:"就,就高也。"京爲高丘,"就"字構形取象於趨嚮高丘的具體場景,以表示[向高處趨近]的抽象詞義。例如:

(232) 古之民未知爲宫室時,就陵阜而居。(《墨子·辭過》)

該例很貼切地體現了"就"的詞義特點。先民就陵阜而居,可能是因爲當時處於大洪水時期,只能奔向高地居住。《風俗通義·山澤》云:“堯遭洪水,萬民皆山棲巢居,以避其害。禹決江疏河,民乃下丘營度爽塏之場,而邑落之。”到了春秋戰國時期,“就”的語義已經泛化得很厲害,所趨背景不再局限於高處。因此,水向低處流動也可以用“就”來描述。例如:

(233) 民之歸仁也,猶水之**就**下,獸之走壙也。(《孟子・離婁上》)

這一詞義泛化導致“就”字的構形有些不密合其所記録的詞義。對此,清王筠已有覺察,他在《説文句讀・京部》“就”字條下説:“蓋謂人就高丘以居也。然語云‘就下’,又云‘俯就’,豈有高之語? 蓋古義失傳,姑以爲説耳。”

詞義泛化後的“就”與“去、避”等構成反義關係,與“趨、歸”等構成同義關係。在 14 部上古傳世文獻中,“就$_{(趨近)}$”共有 204 例。根據具體用例來看,動體一般是人,有時也可以是動物甚至無生命實體。例如:

(234) 彼止而待我,我行而**就**之,則亦或遲或速、或先或後,胡爲乎其不可以同至也!(《荀子・修身》)

(235) 若如臣者,猶獸鹿也,唯薦草而**就**。(《韓非子・内儲説上》)

背景既可以是有生命實體,也可以是處所。例如:

(236) 昏姻之故,言**就**爾居。(《詩・小雅・我行其野》)

(237) 王乃步**就**王孫雒曰:“先之,圖之將若何?”(《國語・吴語》)

(238) 治國去之,亂國**就**之,醫門多疾。(《莊子・人間世》)

(239) **就**藪澤,處閑曠,釣魚閑處,無爲而已矣;此江海之士,避世之人,閑暇者之所好也。(《莊子・刻意》)

“即”有一個義位是[靠近],殷商卜辭中已可見到用例(陳年福,2001:116):

(240) 其令射㗊即并?(《合集》32886)

上古傳世文獻中,"即"的常用義位是[立即,緊接着],主要作狀語。動詞義位用例在《詩》中有 6 例,例如:

(241) 匪來貿絲,來即我謀。(《詩・衛風・氓》)

(242) 豈不爾思? 子不我即。(《詩・鄭風・東門之墠》)

例(241)鄭箋:"即,就也。"例(242)毛傳:"即,就也。"之後,"即"的用法就變得非常單一,絶大多數都是"即位"之類的固定格式。由此來看,上古傳世文獻中表示[靠近]的詞主要還是"就","即"在當時已經瀕於衰亡。

第二節　構象的合併編碼

[構象]指的是在位移各階段(離開階段、經過階段或到達階段),動體和背景之間(或主要動體和次要動體之間)所形成的空間位置關係,如包含關係、上下關係、邊側關係、面背關係、先後關係等。比如説,動體可以在離開階段和背景處於包含關係,相應的動詞爲"出",也可以在到達階段和背景處於包含關係,相應的動詞爲"入"。例如:

(243) a. 火作,子産辭晉公子、公孫於東門,使司寇出新客,禁舊客勿出於宫。(《左傳・昭公十八年》)

b. 使拳彌入于公宫,而自大子疾之宫譟以攻公。(《左傳・哀公二十五年》)

例(243a)中,動體在離開階段處於背景内部,位移結束後則變爲處在背景外部。例(243b)中,動體在位移結束前處於背景外部,在到達階段則變爲處在背景内部。類似的,動體位於背景附近或邊側這種位置關係,在到達階段和經過階段均有專門的動詞來加以編碼,前者如"就""即",後者如"率""遵""循""沿"等。有些配位關係只在一個位移階段有專門的動詞來加以編碼。比如,動體在背景之上的位置關係,只在經過階段有專門的動詞來加以編碼,如“踰”和“越”。

需要指出的是,在上古文獻中,我們未見三個階段都有相應動詞的配位關係。既然某些構象關係在某些階段没有專門的位移動詞來加以編碼,那麽當説話者想要表達這些階段的這些構象關係時,又有什麽補償手段呢?這時,説話者可以選擇方位詞來細化表達動體和背景的空間配位關係。例如:

(244) 王坐於堂上,有牽牛而過堂下者。(《孟子·梁惠王上》)

該例中“過”本身編碼了[經過]這一向量,但對配位關係没有具體要求。而根據“過堂下”,我們就可以得知在位移的經過階段,動體是位於堂之下,而非堂之上。

有一類位移事件中,動體和背景都在移動,兩者在配位上存在先後關係。這類動詞如:“先(走在前面)”“後(走在後面)”“率(率領)”“引(率領)”“從(跟隨)”“隨(跟隨)”“追”“逐”“將(送行)”“送(送行)”“迓(迎接)”“逆(迎接)”“迎(迎接)”等。具體來看,動體和背景的位移方嚮可以相同,例如:

(245) a. 人唱我和,人先我隨。(《吕氏春秋·審應》)
b. 孔子畏於匡,顔淵後。(《吕氏春秋·勸學》)
c. 吴人獲薳射於柏舉,其子帥奔徒以從子西,敗吴師于軍祥。(《左傳·定公五年》)
d. 析朱鉏宵從竇出,徒行從公。(《左傳·昭公二十年》)
e. 之子于歸,遠于將之。(《詩·邶風·燕燕》)
f. 將行,穆姜送公,而使逐二子。(《左傳·成公十六年》)

在“先”“帥”所表位移事件中,動體先於背景;在“後、從、隨”所表達位移事件中,動體後於背景;而在“將、送”所表達位移事件中,動體和背景不分先後，缺省情況下是並排。值得注意的是例(245d)中的兩個“從”，所帶賓語一個指稱的不動的背景[賓]，另一個爲移動的背景[公]。

動體和背景的位移方嚮也可以是相對(即面對面)，例如：

(246) a. 或令孺子懷錢挈壺罋而往酤，而狗迓而齕之，此酒所以酸而不售也。(《韓非子·外儲説右上》)

b. 之子于歸，百兩御之。(《詩·召南·鵲巢》)

c. 狂狡輅鄭人，鄭人入于井。(《左傳·宣公二年》)

d. 吴王夫差起師伐越，越王句踐起師逆之。(《國語·吴語》)

e. 今燕虐其民，王往而征之，民以爲將拯己於水火之中也，簞食壺漿以迎王師。(《孟子·梁惠王下》)

例(246b)陸德明《釋文》：“御，五嫁反。本亦作‘訝’，又作‘迓’。”例(246c)《釋文》：“輅，五嫁反。”“迓”的書面詞形有“迓、御、輅”等，“逆”的書面詞形早期爲“屰”，後來才造了專字“逆”。“迓”“逆”“迎”疑母雙聲，魚鐸對轉，是一組同源詞。三者很可能是由方言差異造成的轉語。《説文·辵部》：“逆，迎也。關東曰逆，關西曰迎。”《爾雅·釋詁》：“迓，迎也。”就[迎接]這一義位而言，“迓”一直都不常用，“逆”則殷商卜辭中已經出現這一義位，[1]在春秋末期戰國初期文獻中還很常見，“迎”則多用於戰國中後期文獻。這説明，三者在傳世文獻中還存在使用時期的差異。

第三節 指示的合併編碼

在上古漢語中，“來”表達的是動體向説話者位置靠近的位移

① 例如：王于宗廟逆羌。(甲 896)

動作,"往、如、逝、徂"表達的是動體遠離説話者位置的位移動作。例如:

(247) 二十九年春,介葛盧來朝,舍于昌衍之上。(《左傳·僖公二十九年》)

(248) 將盟,鮑子醉而往。(《左傳·哀公六年》)

(249) 宣子説,使獻子如衛弔,且反戚田。(《左傳·昭公七年》)

(250) 二子乘舟,泛泛其逝。(《詩·邶風·二子乘舟》)

(251) 我徂東山,慆慆不歸。(《詩·豳風·東山》)

其中,"逝"和"徂"在《詩》中比較常見,後來文獻中則很少使用;《史記》中兩者的用例基本出自詩賦,可能是作者有意使用古語詞。《方言》卷一"嫁、逝、徂、適,往也"條下云:"逝,秦晉語也。徂,齊語也。適,宋魯語也。往,凡語也。"這意味着"逝""徂""適"可能還存在方言之别。

表 2-3　上古文獻中"逝(往)、徂(往)"的用例分布(單位:例)

	書	詩	左	國	論	墨	孟	莊	晏	荀	韓	吕	策	史
逝	1	19	1	0	3	0	2	5	1	0	0	2	3	9
徂	6	25	1	1	0	0	2	1	0	0	0	0	0	8

"適""之"雖然常用"往"來訓釋,但這兩個動詞其實並没有編碼[遠離説話者位置]指示,因爲它們和"來"語義上可以兼容。例如:

(252) a. 齊景公與晏嬰來適魯,景公問孔子曰……(《史記·孔子世家》)

b. 途旁之樹,未沐之時,五衢之民,男女相好,往來之市者,罷市,相睹樹下,談語終日不歸。(《管子·輕重丁》)

例(252a)中“適”與編碼[向説話者位置]的“來”連用,“來適”表達的是同一段位移(該位移的起點是齊國,終點則是魯國)。例(252b)中“之市”所表位移跟“往”和“來”所編碼的指示都不衝突,這説明“之”本身並没有編碼指示範疇中的任一取值。

第四節　方嚮的合併編碼

確定動體的位移方嚮,有兩種方法:一是利用參照框架,二是直接根據相關背景來確定位移的方嚮。相應地,編碼位移方嚮的位移動詞也可以分爲兩大類:一類編碼的是基於參照框架所得的位移方嚮,另一類編碼的是直接根據背景所得的位移方嚮。下面分别加以討論。

一、[移動+框架方嚮]

在上古漢語的空間表達中,我們可以見到以下幾種參照框架:絶對參照框架、相對參照框架、主觀參照框架和序列參照框架。絶對參照框架以太陽的起落以及天地的相對位置爲參照,來確立東西南北上下[①]——所謂的“六合”,其中東西南北是水平維度,上下是垂直維度。相對參照框架以人爲參照(没有面向的實體經過擬人化亦可用爲該參照框架的參照),所面對的方嚮爲前,反之爲後,身體兩側分别爲左右,所得方位均是水平維度。主觀參照框架以説話者爲參照,有兩個取值:一是靠近説話者位置的静態位置或者向説話者位置靠近的動態方嚮;二是遠離説話者位置的静態位置或者遠離説話者位置的動態方嚮。上述三種參照

① 從類型學角度看,區分上、下,既可以在絶對框架,如古代漢語;也可以在相對框架,如英語。

框架都既可以用於位置事件以確定静態的位置關係,也可以用於位移事件,以確定動態的位移方嚮。相應地,我們可以把基於上述三種框架所得的位移方嚮分别叫作絶對方嚮、相對方嚮和主觀方嚮。其中編碼主觀方嚮的位移動詞就是前面所舉到的"來、往、逝"等動詞,因此,[指示]實際上也可以視爲[方嚮]的一個次範疇。所以,下面只分析編碼其他兩種框架方嚮的位移動詞。

(一)[移動+絶對方嚮]

先看水平維度的"東、西、南、北"等。例如:

(253) 居數日,項羽引兵西屠咸陽,殺秦降王子嬰,燒秦宫室,火三月不滅;收其貨寶婦女而東。(《史記・項羽本紀》)

(254) 吾欲觀於轉附、朝舞,遵海而南,放於琅邪,吾何修而可以比於先王觀也?(《孟子・梁惠王下》)

(255) 齊之兵不西,韓必聽秦違齊。(《戰國策・趙策三》)

(256) 東風解凍,蟄蟲始振,魚上冰,獺祭魚,候雁北。(《吕氏春秋・孟春紀》)

上述例子中的"東""南""西""北"四個動詞都直接作謂語,分别表示[向東移動]、[向南移動]、[向西移動]、[向北移動],參照框架的原點即動體的初始位置。顯然,這種表達只能標明動體位移的大致方嚮。比如,根據例(253),我們只知道項羽的位移是從咸陽出發,目的地則在咸陽以東的某個地方,這樣的位移方嚮只標明了起點的確切位置,顯然是半開放式的。同樣,根據例(256),我們也只知道雁位移的目的地在起始點以北的某個地方。如果説話者僅限於表達半開放的位移方嚮,也可以换而採用"東/南/西/北+V_m"格式,比較:

(257) 秦皇帝東游,良與客狙擊秦皇帝博浪沙中,誤中副車。(《史記・留侯世家》)

(258) 此不北**走**胡即南**走**越耳。(《史記・季布欒布列傳》)

與"東""南""西""北"直接作謂語相比,"東/南/西/北＋V_m"格式有兩個優勢,一是可以在位移動詞後面再加上一個表達終點背景具體位置的體詞性成分,如例(258)中的"胡"和"越",這樣就可以將動體位移的目的地明確指定;二是 V_m 本身往往還附加了額外的位移信息,如例(257)和例(258)的"游""走"表達了不同的位移方式。正是因爲這個緣故,"東、南、西、北"直接作謂語的用例並不多見,並且分布也很集中,主要見於經常描寫戰爭的《左傳》和《史記》中。

再看編碼了垂直維度的位移動詞。這組詞最爲豐富,編碼了[向上移動]的動詞有"陟、乘、登、升、騰、蒸、躋、上、涌、踊、躍"等,編碼了[向下移動]的動詞有"落、零、墜、隮、實、廢、顛、越、降、下、沉"等。

"陟、乘、登、升、騰"是一組同源詞(王力,1982:253)。"陟"在殷商卜辭(趙誠,1988/2009:351)和西周金文中已有用例,例如:

(259) 帝其**陟**。(明 766)

(260) 其瀕(頻)才(在)帝廷**陟**降。(《胡簋》,西周中後期)

(261) **陟**剛(崗)三封。(《散氏盤》,西周中後期)

更多的用例則見於《詩》中,共 19 例,其中 17 例描寫的是登山,2 例描寫的是先王亡靈的上移動作。例如:

(262) **陟**則在巘,復降在原。(《詩・大雅・公劉》)

(263) 文王**陟**降,在帝左右。(《詩・大雅・文王》)

所陟多爲山陵或高地,這表明"陟"詞義中最初的確編碼了背景類型——山陵;因此,造字時的從阜反映的是與詞義統一的造意。

一進入春秋,"陟"就很罕見,成了一個死去的古語詞,只有 5 例,其中《左傳》2 例一引《大雅・文王》文,一爲模仿古追命之辭;《墨子》1 例也是引《大雅・文王》,《史記》2 例,分別見於《五帝本紀》和《夏本紀》。

"乘"表上移的用例不多,例如:

(264) 乘彼垝垣,以望復關。(《詩·衛風·氓》)

(265) 郤叔虎將乘城,其徒曰:"棄政而役,非其任也。"郤叔虎曰:"既無老謀,而又無壯事,何以事君?"被羽先升,遂克之。(《國語·晉語一》)

"乘"更多的用例是表達動體上行後處於背景(主要是車、馬、舟)之上的持續狀態,這是由位移過程轉指位移的結果狀態,例如:

(266) 大叔于田,乘乘馬。(《詩·鄭風·大叔于田》)

(267) 二子乘舟,泛泛其景。(《詩·邶風·二子乘舟》)

"登"是表達上移時最常用的動詞,在上古 14 部傳世文獻中共有 194 個用例。它的最早用例見於西周晚期金文。例如:

(268) ……内(入)陟芻,登于厂湶,……(《散氏盤》,西周晚期)

根據用例來看,所登的背景主要是陸域的山丘和城臺,此類用例共 149 例,例如:

(269) 登丘而望之,則馳騁而從之。(《左傳·成公十五年》)

(270) 晉侯登有莘之虛以觀師,曰:"少長有禮,其可用也。"(《左傳·僖公二十八年》)

(271) 孔子登東山而小魯,登泰山而小天下。(《孟子·盡心上》)

(272) 及鄢陵,登城見之,美,自爲娶之。(《左傳·文公七年》)

(273) 孟氏使登西北隅,以望季氏。(《左傳·昭公二十五年》)

(274) 穆姬聞晉侯將至,以大子罃、弘與女簡璧登臺而履薪焉。(《左傳·僖公十五年》)

也可以是車子或天。例如:

(275) 王子搜援綏登車,仰天而呼曰:"君乎! 君乎! 獨不可

以舍我乎!”(《莊子・讓王》)

(276) 孰能登天游霧,撓挑無極,相忘以生,無所終窮?(《莊子・大宗師》)

至於登者(動體),則主要是人(如上引諸例),但也可以是動物和車子,例如:

(277) 帝武丁祭成湯,明日,有飛雉登鼎耳而呴,武丁懼。(《史記・殷本紀》)

(278) 三尺之岸而虛車不能登也,百仞之山任負車登焉,何則?陵遲故也。(《荀子・宥坐》)

例(278)楊倞注:“陵遲,言丘陵之勢漸慢也。”根據具體用例來看,動體既可以與背景有所接觸,形成依托式上移,也可以没有接觸(如登車、飛雉登鼎、登天),形成憑空式上移。同時,我們也注意到,“登”所編碼的位移都具有可控性,或者是自我控制和調節(如人和動物),或者是外力調節(如車子)。

“升”有一個義位是[向上移動],書面詞形有“升、昇、陞”。造“昇”字本是爲了專門記録“太陽升起”的用法。《説文新附》云:“昇,日上也。”又《廣韻・蒸韻》云:“昇,日上。本亦作升。《詩》曰:‘如日之升。’升,出也。俗加日。”可是早在東漢時期,這一原初分化廣義的意圖就被打破了,例如:

(279) 昇車兮命僕,將馳兮四荒。(王逸《九思・哀歲》)

在上古 14 部傳世文獻中,“升(向上移動)”共有 29 個用例。根據用例來看,所升的背景主要在陸域,比如山丘、樹木、臺堂、車子,例如:

(280) 升彼虛矣,以望楚矣。(《詩・鄘風・定之方中》)

(281) 毋教猱升木,如涂涂附。(《詩・小雅・角弓》)

(282) 悼公與司馬侯升臺而望,曰:“樂夫!”(《國語・晉語七》)

(283) 子曰:“由也升堂矣,未入於室也。”(《論語・先進》)

(284) 升車,必正立執綏。(《論語・鄉黨》)

有時也可以是空中,例如:

(285) 如月之恒,如日之升。(《詩・大雅・天保》)

(286) 其香始升,上帝居歆。(《詩・大雅・生民》)

(287) 龍已升雲,四蛇各入其宇,一蛇獨怨,終不見處所。(《史記・晉世家》)

從這些用例中,我們還可以看出,升者既可以是人,也可以是動物(猱和龍),還可以是無生命物(太陽和香氣)。與"登"相比,"升"所表達的上移過程有些是可控的(如上車、上山、上樹),這是與"登"的相同之處;有些則不具有可控性(如太陽和香氣的升起),這是異於"登"的地方。據此來看,"升"所編碼的位移對於可控性沒有作出要求。另外,我們從這些用例中也可以看出:在升的過程中,動體既可以與背景有所接觸,形成依托式上移,也可以沒有接觸(如升車、香升、日升),形成憑空式上移。

《玉篇・馬部》:"騰,上躍也。""騰"有個義位是[向上跳](它同時還詞化了[離開]向量),在上古14部傳世文獻中總共不到20個用例。根據具體用例來看,動體可以是人或動物(如下列例子中的虎、狗、兔、鳥),也可以是無生命的水流或氣體,位移的起點是地面或水面,位移方式則多是平地而起的跳躍式。例如:

(288) 行十餘里,廣詳死,睨其旁有一胡兒騎善馬,廣暫騰而上胡兒馬,因推墮兒,取其弓,鞭馬南馳數十里,復得其餘軍,因引而入塞。(《史記・李將軍列傳》)

(289) 及居右北平射虎,虎騰傷廣,廣亦竟射殺之。(《史記・李將軍列傳》)

(290) 韓子盧者,天下之疾犬也。東郭逡者,海內之狡兔也。韓子盧逐東郭逡,環山者三,騰山者五,兔極於前,犬廢於後,犬兔俱罷,各死其處。(《戰國策・齊策三》)

(291) 我**騰**躍而上,不過數仞而下,翱翔蓬蒿之間,此亦飛之至也。(《莊子・逍遥游》)

(292) 百川沸**騰**,山冢崒崩。高岸爲谷,深谷爲陵。(《詩・小雅・正月》)

(293) 時雨將降,下水上**騰**……(《吕氏春秋・季春紀》)

(294) 是月也,天氣下降,地氣上**騰**,天地和同,草木繁動。(《吕氏春秋・孟春紀》)

由於動體也可以爲水或蛇類,所以制字時也可從水、從虫。故《説文・水部》云:"滕,水超踊也。"上引《詩・正月》例,《玉篇》引爲"百川沸滕"。而蛇本身亦可因騰躍之動作而得名爲"螣",故《説文・虫部》云:"螣,神它也。"

"陵"跟"乘"等亦爲同源詞(劉鈞杰,1999:77—79)。"陵"本義爲[向上移動],《廣雅・釋詁》:"陵,乘也。"甲骨文字形作,羅振玉以爲"象人梯而升高,一足在地,一足已階而升"。① 跟"乘"一樣,"陵"本義用例在上古傳世文獻中很少見,更多是用於表達動體在背景之上的狀態,這是由上移過程轉指位移結果。②比較:

(295) 齊侯親鼓,士**陵**城。三日,取龍。(《左傳・成公二年》)

(296) 君子不欲多上人,况敢**陵**天子乎?(《左傳・桓公五年》)

(297) 不害而不學,則苟而可,於是乎下**陵**上替,能無亂乎?(《左傳・昭公十八年》)

例(295)中"陵"表達的是上移的過程,結果則是動體在城上。例(296)和例(297)都表達的是位移的結果:在下者處於在上者之

---

① 羅説引自《增訂殷虚書契考釋》,見於《古文字詁林》第10册,上海教育出版社,2004年,第774頁。

② "陵"本義用例更多是見於東漢文獻,參見《故訓匯纂》,商務印書館,2003年,第2424頁。

上。其中例(296)"陵天子"和"上人"對舉,背景爲在上位的天子,例(297)則直接以"下"指動體,背景則是將被代替的在上者。動體到達背景之上的過程中,必然會越過背景,所以"陵"有個引申義是[逾越]。《説文・夊部》:"夌,越。"説的就是這個引申義。

"蒸"由"升"分化而得,專用於表達氣體的向上移動,書面詞形有"蒸、烝",用例不多。《説文・火部》:"烝,火氣上行也。"朱駿聲《説文通訓定聲》:"古多以蒸爲之。"例如:

(298) 自今至於初吉,陽氣俱蒸,土膏其動。(《國語・周語上》)

(299) 夫天地之氣,不失其序;若過其序,民亂之也。陽伏而不能出,陰迫而不能烝,於是有地震。(《國語・周語上》)

"躋"有個義位是[向上移動]。字或作"隮",金文字形中則或從辵,或從止。[①] 文獻中多以"登、升"訓之。《説文・足部》:"躋,登也。"《方言》卷一:"躋,登也。東齊海岱之間謂之躋。"《爾雅・釋詁下》:"躋,陞也。"《玉篇・阜部》:"隮,登也,升也。"引申之,"躋"可用於轉指上升的動體。《詩・蝃蝀》:"朝隮於西,崇朝其雨。"鄭司農云:"隮,升氣也。"鄭玄箋云:"隮,虹也。"所謂"升氣"指的就是虹。《釋名》云:"虹見於西方曰升,朝日始升而出見也。""躋(向上移動)"在春秋金文中有兩例,例如:

(300) 爾其從躋受御。(《洹子孟姜壺》,春秋)

而在14部上古傳世文獻中總共只有15例。根據具體用例來看,動體可以是人,也可以是無生命的地氣;上移過程既可以是自主的,也可以是非自主的;上移方式既可以是依托式,也可以是憑空式。例如:

---

① 金文字形參見戴家祥主編《金文大字典》,學林出版社,1999年,第4710、4713頁。

(301) 王麻冕黼裳，由賓階隮。(《尚書・顧命》)

(302) 躋彼公堂，稱彼兕觥。(《詩・豳風・七月》)

(303) 地氣上隮，天氣下降，陰陽相摩，天地相蕩。(《史記・樂書》)

"上"的位移義比較後起。《説文・上部》訓"上"爲"高"，説的是方位詞"上"。詞義發生轉指之後，"上"才由[高處]引申出[由低處移向高處]的意思，並曾一度造了從辵從上的分化字。這一引申過程剛好跟"乘、陵"相反，是由結果狀態轉指位移過程。根據陳年福(2001)，甲骨卜辭中還没有動詞用法的"上"。而通過對《金文資料庫》的檢索，我們發現西周金文中也没有動詞"上"。從上古傳世文獻來看，動詞"上"始見於《左傳》，到《史記》中才比較常見。根據馬雲霞(2008:70)的統計，動詞"上"(只統計了表自移的用例)在《左傳》《國語》《論語》《孟子》《戰國策》中共 69 例，而在《史記》中則有 216 例。根據我們的統計，"上"在 14 部上古傳世文獻中共有(含致移用法用例)306 例，而《史記》一書就有 244 例。

根據具體用例來看，動體則既可以是人、鳥等有生實體，也可以是氣之類的無生實體；終點背景既可以在水域和陸域，也可以在空中；上移方式則可以是依托式，也可以是憑空式。例如：

(304) 從流下而忘反謂之流，從流上而忘反謂之連，從獸無厭謂之荒，樂酒無厭謂之亡。(《孟子・梁惠王下》)

(305) 我騰躍而上，不過數仞而下，翱翔蓬蒿之間，此亦飛之至也。(《莊子・逍遥游》)

(306) 我死，已葬，服衰而上夏屋之山以望。(《吕氏春秋・長攻》)

(307) 是月也，天氣下降，地氣上騰，天地和同，草木繁動。(《吕氏春秋・孟春紀》)

(308) 魚上冰。(《吕氏春秋·孟春紀》)

“涌、踊”都表示[垂直上移],但編碼的動體有別,前者是泉水,後者是人。詳細例子已見前述,此不復舉。

《説文·足部》:“躍,迅也。”“跳,……,亦曰躍也。”前一條訓釋的蓋爲“躍躍”[1],後一條涉及的才是單用的“躍”。“躍”的本義爲[向上跳],根據用例來看,動體可以是有生命的鳥、魚、馬、人等,也可以是無生命的星、水等。例如:

(309) 我騰躍而上,不過數仞而下,翱翔蓬蒿之間,此亦飛之至也。(《莊子·逍遥游》)

(310) 武王渡河,中流,白魚躍入王舟中,武王俯取以祭。(《史記·周本紀》)

(311) 騏驥一躍,不能十步;駑馬十駕,功在不舍。(《荀子·勸學》)

(312) 贏糧躍馬,唯恐後時!(《史記·李斯列傳》)

(313) 豫讓拔劍三躍,呼天擊之曰:“而可以報知伯矣。”(《戰國策·趙策一》)

(314) 蒼蒼然,星若躍而陰出旦,是謂“正平”。(《史記·天官書》)

(315) 今夫水,搏而躍之,可使過顙,激而行之,可使在山,是豈水之性哉?(《孟子·告子上》)

其中,例(312)和例(315)爲致移用法。“躍”和“踊”都用於表達向上跳動,經常可以連用,但兩者有個明顯的區别:前者常常表達的是帶來動體水平位置變動的跳動,而後者表達的只是原地的垂直上跳。比如,例(310)中,白魚通過躍到了武王的船裏;例(311)是説騏驥躍一下水平方嚮移動的幅度不能超過十步;例

① 《爾雅·釋訓》:“躍躍,迅也。”郭璞注:“盛疾之貌也。”

(313)“三躍”説的是豫讓跳了三步，而不是原地蹦了三下。“躍”跟“踊”的這種區别在下例中表現得尤爲突出。例如：

(316) 距**躍**三百，曲**踊**三百。(《左傳·僖公二十八年》)

對於其中的“躍”“踊”之别，孔疏解釋道：“《説文》云：‘躍，迅也。’‘踊，跳也。’然則躍以疾生名，故以距躍爲超越，言距地向前跳而越物過也。曲踊以曲爲言，則謂向上跳而折復下，故以曲踊爲跳踊耳，言直上向下而已。”其中提到“距躍爲超越”，“曲踊謂向上跳而折復下”，説的正是“躍”與“踊”的這種區别。

再看表達向下移動的位移動詞。“落”在上古傳世文獻中共21例，創制時詞義中要求動體爲植物的部件，如枝葉、穗、花、果實等。例如：

(317) 公室將卑，其宗族枝葉先**落**，則公從之。(《左傳·昭公三年》)

(318) 穗乎不得穫，秋風至兮殫零**落**，風雨之拂殺也，太上之靡弊也。(《晏子春秋·内篇諫下》)

(319) 自而治天下，雲氣不待族而雨，草木不待黄而**落**，日月之光益以荒矣。(《莊子·在宥》)

(320) 故秋霜降者草花**落**，水搖動者萬物作，此必然之效也。(《史記·李斯列傳》)

(321) 季夏行春令，則穀實解**落**，國多風欬，人乃遷徙。(《吕氏春秋·季夏紀》)

“落”跟“脱”同源，所表下移多是動體脱離母體而致。因此，從向量角度看，“落”編碼了[離開]向量。

“零”最初是爲動體雨專制的詞。早期的書面詞形是“霝”，後來才改用“零”。殷商卜辭霝字作，上象天，下三點像大的雨滴。在殷商卜辭中，只見“零”用於雨降落的場景，例如：

(322) 癸未卜，賓貞：兹**零**隹降禍。(甲·丙五七)

在14部上古傳世文獻中,“零(向下移動)”共14例,其中《詩經》12例,《吕氏春秋》2例。

“零”用於描寫露的下落,始見於《詩經》;而用於描寫霜雪的下落,則始見於《論衡》。例如:

(323) 野有蔓草,零露漙兮。(《詩・鄭風・野有蔓草》)

(324) 冬月隆寒,霜雪貫零,萬物皆枯……(《論衡・是應》)

在這些場景中,動體雨、雪、露、霜均具有體輕、散狀等特徵,所述動作則是非自主的憑空式下移,起點均爲天,終點爲地面,方式爲散落。通過隱喻機制,動體可以擴展爲眼淚,甚或草木的花葉果穗。前者用例始見於《詩》,後者用例始見於《吕》。例如:

(325) 念彼共人,涕零如雨。(《詩・小雅・小明》)

(326) 行秋令,則草木零落,果實早成,民殃於疫。(《吕氏春秋・仲夏紀》)

(327) 後時者,莖葉帶芒而末衡,穗閲而青零,多秕而不滿。(《吕氏春秋・審時》)

不管動體範圍怎樣擴展,“零”所述位移仍是非自主的憑空式下移,動體也還具有[體輕]、[散狀]等特徵。

和“零、落”一樣,“墜”也是用於表達非自主下移,最初用“豕”字記録,後專造“隊”字記録,而後又造了“墜”字。“隊”字殷商卜辭作,象人倒着墜落山崖;金文作,象野猪墜落山崖,取象異而造意同。甲金文中可以找到“墜”表下移的用例,例如:

(328) ……甲午王往逐兕,小臣叶車馬。硪馭王車,子央亦。(《合集》10405 正)

該例説的是小臣駕駛的王車不慎撞石翻車,坐在車裏的王和陪臣子央都跌落到車外。[①] “墜”在14部上古傳世文獻中共有28個用

① 此例文意解釋據朱歧祥(1989:151)。

例。根據具體用例來看，動體可分爲三類：第一類是人、動物（如螽、黄雀）及其部件（如頭、血），共有19例。例如：

（329）公懼，隊于車。（《左傳·莊公八年》）

（330）秋，雨螽于宋，隊而死也。（《左傳·文公三年》）

（331）（黄雀）晝游乎茂樹，夕調乎酸鹹，倏忽之間，墜於公子之手。（《戰國策·楚策四》）

（332）公以戈擊之，首隊於前，跪而戴之，奉之以走，見梗陽之巫皋。（《左傳·襄公十八年》）

（333）宋王築爲櫱帝，鴟夷血，高懸之，射著甲胄，從下，血墜流地。（《吕氏春秋·過理》）

第二類是器物，如板、劍，共5例。例如：

（334）陳人城，板隊而殺人。（《左傳·襄公二十三年》）

（335）楚人有涉江者，其劍自舟中墜於水，遽契其舟曰："是吾劍之所從墜。"（《吕氏春秋·察今》）

最後一類是自然物，如星體，共4例。例如：

（336）星隊木鳴，國人皆恐。（《荀子·天論》）

從上述例子可以看出，動體都無法控制和調節墜落的過程，下移是憑空式的。終點背景默認情況下就是地面，有時也可以是其他實體，如例（331）的"手"，例（335）的"水"。相對於"落、零"來説，"墜"所表位移事件的動體，重量一般比較大，因而下落速度也較快些。而且，"墜"的動體大多數與起點背景不存在領屬關係，唯一的例外就是例（332），該例中的"墜"若换成"落"，整個句義基本没有多大變化，這種用例可能是"墜""落"混同的先兆。

"隓"和"墜"同源（王力，1982：437），書面詞形主要有"隓、陊、隋"。《説文·阜部》："陊，落也。"徐鉉云："今俗作隓。"《詩·衛風·氓》"其黄而隕"，毛傳："隕，隋也。"《經典釋文》："隋，字又作隓。""隓"的詞義中最初要求動體是山體，後來通過隱喻擴展才可

以用於描述建築(尤其是城墻)、器物、人等動體。[①] 位移起點可以是天上、樹上、馬上、車上等,終點則多爲地面。例如:

(337) 仲由爲季氏宰,將__墮__三都。(《左傳·定公十二年》)

(338) 故以詐遇詐,猶有巧拙焉;以詐遇齊,辟之猶以錐刀__墮__太山也,非天下之愚人莫敢試。(《荀子·議兵》)

(339) 則夫人行年七十有二,齫然而齒__墮__矣。(《荀子·君道》)

(340) 餘小臣不得上,乃悉持龍髯,龍髯拔,__墮__黄帝之弓。(《史記·孝武本紀》)

(341) 廣國去時雖小,識其縣名及姓,又常與其姊採桑__墮__,用爲符信,上書自陳。(《史記·外戚世家》)

(342) 居數年,懷王騎,__墮__馬而死,無後。(《史記·屈原賈生列傳》)

(343) 三人行浴,見玄鳥__墮__其卵,簡狄取吞之,因孕生契。(《史記·殷本紀》)

(344) 楚騎追漢王,漢王急,推__墮__孝惠、魯元車下,滕公常下收載之。(《史記·項羽本紀》)

在"墮"所描述的下移事件中,動體均無法控制位移過程。因此,"墮"表達的也是非自主下移。需要注意的是,在動體泛化的過程中,"墮"原先所突出的[脱離]這一語義特點逐漸被淡忘。

同樣可以用於表達人不小心跌落的位移動詞,還有"顛""越""廢"。這三者在上古傳世文獻中的用例都相當少,例如:

(345) 弗得,滋怒,自投于牀,__廢__于鑪炭,爛,遂卒。(《左傳·定公三年》)

(346) 潁考叔取鄭伯之旗蝥弧以先登,子都自下射之,__顛__。(《左傳·隱公十一年》)

---

① 毁壞義、懈怠義都是其引申義,後者後來分化爲新詞,專門用"惰"字來記録。

(347) 射其左,**越**于車下。射其右,斃於車中。(《左傳·成公十八年》)

例(345)杜注:“廢,隋也。”[①]例(346)杜注:“顛,隊而死。”例(347)杜注:“越,隊也。”

“賈”也是用於表達非自主下移,書面詞形有“賈、隕、磒、抎”。在14部上古文獻中,“賈”共15例。根據具體用例來看,動體可以是星、霜、涕等無生命物,也可以是人;終點背景則一般是地面,有時也可以是水中,下移方式也是憑空式。例如:

(348) 十六年春,“隕石于宋五”,**隕**星也。(《左傳·僖公十六年》)

(349) 列星**殞**墜,旦暮晦盲。(《荀子·賦》)

(350) 夫辰,角見而雨畢,天根見而水涸,本見而草木節解,駟見而**隕**霜,火見而清風戒寒。(《國語·周語中》)

(351) 於是公有所愛者曰顛頡後期,吏請其罪,文公**隕**涕而憂。(《韓非子·外儲說右上》)

(352) 備使奉尸將命,苟我寡君之命達于君所,雖**隕**于深淵,則天命也,非君與涉人之過也。(《左傳·哀公十五年》)

(353) 還反涉漢,梁敗,王及蔡公**抎**於漢中。(《吕氏春秋·音初》)

“降”字甲骨文字形作或。由“陟”字的情況推之,“降”字所記録的下移義可能本來對背景也有所要求。在殷商卜辭中,我們已經可以見到“降”表自移和致移的用例,例如(朱歧祥,1988:151):

(354) 兹雲其**降**其雨。(乙3294)

---

① “隋”,同“墮”。

(355) 貞:卯,帝弗其降禍。十月。(佚 36)

在上古傳世文獻中,下移用法的"降"相當常見,共 247 例,相關動體可以是人、神靈、龜等,也可以是無生命的雨、霜、雪、氣等;起點背景一般是天,終點背景一般是地;下移方式可以是依托式,如例(356),也可以是憑空式的,如例(357)—例(361);下移過程可以是動體可控的,如例(356)和例(357),也可以是動體不可控的,如例(358)—例(361):

(356) 公子降,拜,稽首,公降一級而辭焉。(《左傳·僖公二十三年》)

(357) 念茲皇祖,陟降庭止。(《詩·周頌·閔予小子》)

(358) 龜甚神靈,降于上天,陷於深淵。(《史記·龜策列傳》)

(359) 水潦方降,疾瘧方起,中山不服,棄盟取怨,無損於楚,而失中山,不如辭蔡侯。(《左傳·定公四年》)

(360) ……天寒既至,霜雪既降,吾是以知松柏之茂也。(《莊子·讓王》)

(361) 是月也,天氣下降,地氣上騰,天地和同,草木繁動。(《吕氏春秋·孟春紀》)

跟"上"一樣,"下"最初是方位詞,後來引申出動詞用法,用於表達下移,這種用例始見於《左傳》。從具體用例來看,動體可以是人、動物等自控移動體,如例(362)—例(368),也可以是日、月、氣、雨、霜、淚等自動移動體,如例(369)—例(372),還可以是他控移動體,如例(373);終點背景一般是地面,也可以是水中,如例(366),起點背景則很多樣,除了天,還可以是室、堂、車、舟等,如例(362)—例(365);下移方式既可以是憑空式,如例(366)—例(373),也可以是依托式,如例(362):

(362) 故君子不下室堂而海内之情舉積此者,則操術然也。(《荀子·不苟》)

(363) 任座入，文侯下階而迎之，終座以爲上客。(《吕氏春秋・自知》)

(364) 馮婦攘臂下車。(《孟子・盡心下》)

(365) 奏曲未半，有漁父者，下船而來，須眉交白，被髮揄袂，行原以上，距陸而止，左手據膝，右手持頤以聽。(《莊子・漁父》)

(366) 今鳥聞熱旱之憂則高，魚聞熱旱之憂則下，當此雖禹湯爲之謀，必不能易矣。(《墨子・公孟》)

(367) 臣爲王引弓虛發而下鳥。(《戰國策・楚策四》)

(368) 幽闇登昭，日月下藏。(《荀子・賦》)

(369) 天氣上騰，地氣下降，天地不通，閉而成冬。(《吕氏春秋・孟冬紀》)

(370) 天油然作雲，沛然下雨，則苗浡然興之矣。(《孟子・梁惠王上》)

(371) 方葉之茂美，終日采之而不知，秋霜既下，衆林皆羸。(《吕氏春秋・首時》)

(372) 酒酣，公四望其地，喟然嘆，泣數行而下。(《晏子春秋・外篇》)

(373) 公輸子削竹木以爲鵲，成而飛之，三日不下，公輸子自以爲至巧。(《墨子・魯問》)

"沉"和"深"同源，是專用於水域的下移動詞。需要注意的是，在上古傳世文獻中，"沉"是一個三價的致移動詞。比較：

(374) 冬十月癸酉，王子朝用成周之寶珪沈于河。(《左傳・昭公二十四年》)

(375) 趙簡子沈鸞徼於河。(《吕氏春秋・驕恣》)

(376) a. 故吴王夫差不悟先論之可以立功，故沉子胥而不悔。(《戰國策・燕策二》)

b. 子胥**沈**江,比干剖心。(《莊子·盜跖》)

(377) a. (瞀光)乃負石而自**沈**於廬水。(《莊子·讓王》)

b. (瞀光)乃負石而**沈**於募水。(《吕氏春秋·離俗》)

所沉動體可以是玉,如例(374),也可以是人,如例(375)—例(377),所沉之處均爲水域。當致事和動體所指爲同一實體時,可以在“沉”前添加反身代詞來加以標明,如例(377a),也可以不添加“自”。在致事和動體所指不是同一實體時,動體有時通過被動化也可以前移到句首實現爲主語,如例(376b)。比較例(376b)與例(377b),“$N_{人}$＋沉＋(P)$N_{水域}$”脱離語境來看實際上是一個歧解格式,其中$N_{人}$所指既可能是致事,也可能是動體。附帶説一句,“沉”是致移動詞,這在殷商卜辭中表現得也相當明顯。商人有種祭祀是將祭品扔進水中,稱爲沉祭。而“沉”這個詞隨着所描述下沉事件中祭品(動體)的不同,分别造有[illegible]、[illegible]、[illegible]等不同的字來加以記録。這些字形均從水,反映了“沉”詞義中對背景的規定,不同之處在於或從牛、或從羊,或從宰,這反映了“沉”所表致移事件中那些充當動體的具體實體。

(二)[移動＋相對方嚮]

編碼[相對方嚮]的位移動詞有“進”“前”“退”“却”“左”“右”等。[①]“進”和“前”都表達向動體所面對方嚮的移動;“退”和“却”都表達向動體背面方嚮的移動,其中“退”跟“進”相對,“却”跟“前”相對;“左”和“右”相對,分别表達向動體左側和右側方嚮的移動。例如:

(378) 見可而**進**,知難而**退**,軍之善政也。(《左傳·宣公十二年》)

---

① 另外,“逡”“逡巡”多以“退”“却”相訓,但其確切詞義我們目前還無法確定,故未列入正文進行論述。

(379) 然而驅之不前，却之不止，左之不左，右之不右，則臧獲雖賤，不托其足。(《韓非子·外儲説右上》)

在這六個位移動詞中，用的最多的是“進”和“退”，其次是“前”和“却”，“左”和“右”則很少見。前4個位移動詞在14部上古傳世文獻中的具體分布如下：

表2-4　上古傳世文獻中位移動詞“進、退、前、却”的用例分布(單位：例)

	書	詩	左	國	論	墨	孟	莊	晏	荀	韓	吕	策	史
進	2	2	59	27	8	19	67	17	12	21	22	23	34	106
退	2	7	121	58	13	23	5	14	18	29	41	25	20	63
前	0	0	0	0	0	0	0	5	0	0	7	0	10	49
却	1	0	0	0	0	0	4	6	1	0	11	17	10	86

根據上表來看，相對於“進、退”，“前、却”都比較後起。那麽，同是表示往前行，“進”和“前”有何區别呢？同是表示往後行，“退”和“却”又有何區别呢？王鳳陽(2011：739)提出，“却”所表動作，相對來説移動幅度要小些。早期“退”“却”可能存在這一語義差别。但從上古傳世文獻來看，這一區别有時已經不大明顯。比較：

(380) a. 項羽召見諸侯將，入轅門，無不膝行而前。(《史記·項羽本紀》)

b. 是時晏子侍前，左右執刀而進，晏子止而問於公曰……(《晏子春秋·内篇諫上》)

(381) a. 嬰行至滎陽，乃與絳侯等謀，因屯兵滎陽，風齊王以誅吕氏事，齊兵止不前。(《史記·樊酈滕灌列傳》)

b. 師進，次於陘。(《左傳·僖公四年》)

同是小範圍内的前行，例(380a)用“前”來表達，例(380b)則用“進”來表達；同是遠距離的前行，例(381a)用“前”來表達，例(381b)則用“進”來表達。“退”和“却”的情況也是如此，不再舉例

説明。下例中更能看出“進”和“前”、“退”和“却”語義上已經基本混同。例如:

(382) 拊而發之,彘逸出於竇中,馬**退**而**却**,策不能**進前**也,馬騂而走,轡不能正也。(《韓非子·外儲説右下》)

譚代龍(2008:116)指出,如果“却、前”表示小幅度移動,那麽相應的連用格式應該是“却退”和“前進”。因此,他根據“退却”首見於《論衡》,斷言“却”“退”語義混同是在東漢時期。而例(382)的“退而却”在語義上跟“退却”没有分别,所以我們認爲“却”“退”語義混同的時間可以提前到戰國末期。同樣,根據例(382)的“進前”,我們推斷:“進”“前”的語義混同在戰國末期也已經發生。[①]

二、[移動+非框架方嚮]

直接以背景來確定位移方嚮的動詞可以分爲三類:從迎類、聚散類和返歸類。從迎類動詞表達的是動體和背景之間的同向關係和反向關係,這些動詞就是前面所討論的“先、後、從、隨、迎、逆、將”等,此不贅述。聚散類表達的是向心位移和離心位移。所謂向心位移指的是,多個動體一起移向終點背景,編碼[向心方嚮]的位移動詞有“聚、集、會、合、湊、萃、雜”等;所謂離心位移指的是,多個動體(或一個動體的多個部分)一起離開起點背景,編碼[離心方嚮]的位移動詞有“崩、拆、阤、散、分”等。返歸類動詞如“復、返、還、歸”,表達的是折回位移,即動體重新回到先前一段位移的起點;因此,返回類位移的終點背景也就是上一段位移的起點背景。[②] 下面對後兩類分别加以具體分析。

---

① 在上古文獻中“進”是一個不及物動詞,所以“進前”應該分析爲兩個動詞並用,而非動賓結構(“動詞+方位詞”)。

② 三類動詞都還包括大量的致移動詞,比如聚散類有“累、積、糅、析、斯”等。限於時間和篇幅,本部分暫不涉及這些動詞。

(一) 聚散類位移動詞

散類動詞在前文中已有分析,此不再重複列舉相關例子。下面着重分析聚類動詞。“聚”的書面詞形是“聚、冣”。《説文・㐺部》:“聚,會也。”又《説文・冖部》:“冣,積也。”王鳳陽(2011:503)認爲“聚”最初用於人的會集。[①] 從上古傳世文獻來看,“聚”自移用法時的動體主要還是人,尤其是同族同群之人;但已經有所泛化,可以是鳥獸等其他實體。例如:

(383) 方以類聚,物以群分。(《易・繫辭上》)

(384) 大夫聚謀。(《左傳・襄公三十年》)

(385) 昔太古嘗無君矣,其民聚生群處,知母不知父……。(《吕氏春秋・恃君》)

(386) 窺赤肉而烏鵲聚,貍處堂而衆鼠散……。(《吕氏春秋・貴當》)

(387) 夫鳥同翼者而聚居,獸同足者而俱行。(《戰國策・齊策三》)

(388) ……樹成陰而衆鳥息焉,醯酸而蜹聚焉。(《荀子・勸學》)

與“聚”同源的名詞有“族”“簇”和“椒(藪)”[②]。“族”爲人之所集,“簇”爲植物之所集,“椒”爲水草所集之沼澤地。三者也體現了聚者爲同類的詞義特點。

《説文・雥部》:“雧,群鳥在木上也。从雥以木。集,雧或省。”我們認爲“集”詞義中最初確實要求動體爲鳥類,但背景則不限於樹木。[③] 例如:

---

① 另,參看楊榮祥《“大叔完聚”考釋——兼論上古漢語動詞“聚”的語義句法特徵及其演變》,《語言學論叢》(第28輯),商務印書館,2003年。

② 《禮記・禮運》:“鳳皇麒麟,皆在郊椒。”陸德明《釋文》:“澤也。本或作藪。”

③ 參看劉釗《“集”字的形音義》,《中國語文》2018年第1期。

(389) 一奏之,有玄鶴二八,道南方來,集於郎門之垝。(《韓非子·十過》)

"集"的語義泛化體現在兩個方面。首先是動體數量方面的變化,從原先要求群鳥,擴展到單隻鳥也可以。此時,"集"跟"棲"意義比較接近。在《詩經》中,"集"共有 17 例,其中 14 例是描寫鳥,例如:

(390) 翩翩者鵻,載飛載下,集于苞栩。(《詩·小雅·四牡》)

(391) 黄鳥黄鳥,無集于穀,無啄我粟。(《詩·小雅·黄鳥》)

(392) 鴻雁于飛,集于中澤。(《詩·小雅·鴻雁》)

上述用例的動體均爲鳥,但到底是群鳥還是單隻鳥,已經很難辨認。不過,在其他文獻中,我們可以找到動體確實爲單隻鳥的用例,例如:

(393) 得夢啓北首而寢於盧門之外,己爲烏而集於其上,咮加於南門,尾加於桐門。(《左傳·哀公二十六年》)

(394) 莊周游乎雕陵之樊,睹一異鵲自南方來者,翼廣七尺,目大運寸,感周之顙而集於栗林。(《莊子·山木》)

與此同時,動體類型通過隱喻,也擴展到了其他實體。《詩》中有 2 例"集"描述的動體是人,例如:

(395) 握粟出卜,自何能穀? 温温恭人,如集于木。(《詩·小雅·小宛》)

(396) 肇允彼桃蟲,拚飛維鳥。未堪家多難,予又集于蓼。(《詩·周頌·小毖》)

例(395)"集"前已有一"如"字,再結合整首詩以鳩、桑扈等鳥作比的特點,我們可以斷定此例是用鳥之飛而止息於木,喻人之安居於某處。例(396)先以桃蟲這種鳥作比,然後將自己陷於困境比爲鳥之止於苦草之地。

動體類型泛化後的"集"還可以用於描述雨或天命的下移,此時的意義跟“降”比較接近。例如：

(397) 苟爲無本，七八月之間雨集，溝澮皆盈；其涸也，可立而待也。(《孟子·離婁下》)

(398) 唯天將(將)集氒命。(《毛公鼎》，西周晚期)

例(398)的“集”，王文耀(1998:358)解爲“降落”，甚是。此種用法在《書》中很常見，《詩》亦有1例，例如：

(399) 丕顯文武，克慎明德，昭升於上，敷聞在下，惟時上帝集厥命于文王。(《尚書·文侯之命》)

(400) 天監在下，有命既集。(《詩·大雅·大明》)

在上述用例中，天命都是由上至下，從上帝之處傳到人間之王，並且依附在人王身上。

《説文·亼部》：“會，合也。”“會”“合”所表位移的結果可以是多個動體形成一個整體。相比之下，“聚”“集”所表位移的結果只是動體形成一個群體。例如：

(401) 河水大會，鬼神相謀。(《史記·龜策列傳》)

(402) 陰陽變化，一上一下，合而成章。(《吕氏春秋·大樂》)

當動體爲人時，會合的目的一般是促使多個動體形成一個有組織有配合的整體，以達成某項行動。例如：

(403) 公子遂會晉趙盾、宋華耦、衛孔達、許大夫救鄭，不及楚師。(《左傳·文公九年》)

有時，爲了突出某個動體的主要地位，説話者會將之建構爲主要動體，即使現實世界中該動體並非占有主導地位，如例(404b)所述的黄池之會；句法層面就會讓該動體實現爲主語，而其他動體則實現爲賓語。相應地，説話者若不强調多個動體的地位差異，則可以讓所有動體一起出現在主語位置，如例(405)。比較：

(404) a. 公會齊侯於濼，遂及文姜如齊。(《左傳·桓公十八年》)

b. 夏,公會單平公、晉定公、吴夫差於黄池。(《左傳·哀公十三年》)

c. 邾人、郳人、徐人會宋公。(《左傳·昭公十九年》)

(405) 秋,齊侯、宋公會於洮,范氏故也。(《左傳·定公十四年》)

比較例(404)這組,主要動體可以只有一個實體(404a),也可以是多個實體(404c);次要動體也可以只有一個實體(404a),也可以是多個實體(404b)。

"凑"有一個義位是[聚集],書面詞形爲"凑、奏",共 14 例。凑者可以是人,也可以是物品,甚至是抽象的理。例如:

(406) 樂毅自魏往,鄒衍自齊往,劇辛自趙往,士争凑燕。(《戰國策·燕策一》)

(407) 番禺亦其一都會也,珠璣、犀、瑁、果、布之凑。(《史記·貨殖列傳》)

(408) 德雖未至也,義雖未濟也,然而天下之理略奏矣……。(《荀子·王霸》)

例(408)王念孫《讀書雜志·荀子四》云:"奏,讀爲凑。《廣雅》:'凑,聚也。'謂天下之理略聚於此也。凑、奏古字通。"從上述用例來看,"凑"並没有規定背景爲水流。據此來看,《説文·水部》以"水上人所會也"訓"凑",説的只是凑字的造意,没有反映該字的詞義。

"萃"有一個義位是[聚集],書面詞形有"萃、卒、崪、粹"等。例如:

(409) 墓門有梅,有鴞萃止。(《詩·陳風·墓門》)

(410) 令夫士,群萃而州處……(《國語·齊語》)

(411) ……異方殊類,珍怪鳥獸,萬端鱗萃。[①](《史記·司馬

① 按,"萃",《文選·司馬相如〈子虛賦〉》作"崪"。

相如列傳》)

(412) 必有不可識慮之然,將卒而不戒。(《管子·宙合》)

萃者也是同類,所以引申之後,名詞義爲[類],形容詞義爲[純粹]。

"雜"與"集、萃"的主要差異在於:前者動體多爲不同類别或性質的實體,後者動體多爲同類實體。例如:

(413) 及少皞之衰也,九黎亂德,民神雜糅,不可方物。(《國語·楚語下》)

(414) 四民者勿使雜處,雜處則其言哤,其事易。(《國語·齊語》)

如王鳳陽(2011:508)所言,雜處之後,動體一般仍保持着各自的特性,如上例中的民與神、四民並不會因爲雜處而泯滅相互之間的類别差異。有意思的是,例(410)和例(414)出自同一篇章,何時用"雜",何時用"萃",涇渭分明。整個篇章先説不要讓士、農、工、商四個不同的群體住在一起,這時用的是"雜";爾後具體闡明每個群體應該分别聚居在一個地方,即士在閒燕、農在田野、工在官府、商在市井,這時連續四次用的都是"萃"。正因爲"雜"表達的是雜集,所以引申之後産生了[紛亂不一]之義,這跟"粹"引申出[純粹]的軌迹一樣。① 比較:

(415) 故君子賢而能容罷,知而能容愚,博而能容淺,粹而能容雜,夫是之謂兼術。(《荀子·非相》)

(二) 折回類位移動詞

"復"有個義位爲[返回],所表位移動作的終點就是先前位移動作的起點。《説文·彳部》:"復,往來也。"典籍中早期字形作"复"。殷商卜辭中已經可以見到這一義位的用例,例如(趙誠,1988/2009:348):

---

① 表[純粹]意義的"純"也是由表[同類聚集]的動詞派生而來。

(416) 乙酉卜,争貞,往**复**從臬。(前五・一三・五)

終點可以是家或祖國,也可以是其他處所。比較:

(417) 爾不我畜,**復**我邦家。(《詩・小雅・我行其野》)

(418) a. 秦后子**復**歸於秦,景公卒故也。(《左傳・昭公五年》)

b. 使公**復**于竟,而後逆之。(《左傳・昭公二十八年》)

從文獻中用例分布(見下表)來看,“復(返回)”自春秋戰國之交就已經開始衰落。

表 2-5　上古文獻中“復(返回)”的用例分布(單位:例)

書	詩	左	國	論	墨	孟	莊	晏	荀	韓	吕	策	史
4	7	40	18	0	0	1	1	0	0	2	2	7	16

《説文・辵部》:“返,還也。”《説文・又部》:“反,覆也。”從語言層面看,“反”這個詞有個義位爲[翻轉],後來引申出了[返回]義。從文字層面看,[返回]義最早用“反”字記録,爾後才造了“返、彶”等字來專門記録這一新義。“反”字雖然殷商卜辭已見,但記録[返回]義的用例却要到西周晚期的金文才能見到;而“返”字記録[返回]義用例,則始見於戰國初期金文。例如:

(419) 出,**反**入,捧(拜)韻(稽)首。(《晉侯蘇編鐘(十一)》,西周晚期)

(420) 受令册佩㠯(以)出,**反**入(納)堇(瑾)章(璋)。(《頌簋》,西周晚期)

(421) 隹(唯)王五十又六祀,**返**自西。(《楚王酓章鎛》,戰國初期)

而在 14 部上古傳世文獻中,表返回義的“返”共有 579 例,其中用“反”字記録者高達 544 例,用“返”字記録者僅 35 例。比較:

(422) a. 吾自衛**反**魯,然後樂正,《雅》《頌》各得其所。(《論語・子罕》)

b. 自衛返魯，然後樂正，《雅》《頌》各得其所。(《史記·儒林列傳》)

和“復”一樣，在“返”所表位移事件中，終點背景既可以是家或祖國，也可以是其他處所。比較：

(423) a. 齊大夫欲害孔子，孔子聞之。景公曰：“吾老矣，弗能用也。”孔子遂行，反乎魯。(《史記·孔子世家》)

b. 孔子使從者爲甯武子臣於衛，然後得去。去即過蒲。月餘，反乎衛，主蘧伯玉家。(《史記·孔子世家》)

“還”有個義位爲[返回]，由[旋轉]引申而來。《説文·辵部》：“還，復也。”《爾雅·釋言》：“還，返也。”該義位的用例在西周早中期金文中已經可以見到。例如：

(424) 隹(唯)十又二月，王初饔(館)旁，唯還在周。(《高卣》，西周早期)

(425) 隹(唯)王初女(如)𡠦，廼自商𠂤復還，至於周。(《穆公簋蓋》，西周中期)

在14部上古傳世文獻中，“還”很常用，共有800來例，僅《左傳》一書就有200例左右。在“還”所表位移事件中，終點背景可以是家或祖國，也可以是其他處所。比較：

(426) a. 晉陽處父聘於衛，反過甯，甯嬴從之。及温而還，其妻問之，嬴曰……(《左傳·文公五年》)

b. 天子既令設祠具，至東泰山，……。夏，遂還泰山，脩五年之禮如前，而加以禪祠石閭。(《史記·封禪書》)

“歸”有個義位是[返回家或祖國]。和“返、復、還”相比，“歸”詞義中不僅要求終點背景是原先位移的起點，而且還進一步要求這個終點背景是家或祖國。因此，“歸”同時編碼了背景類型。“歸”這個義位的用例，殷商卜辭中已經可以見到，例如(徐中舒，

1989:128):

(427) 貞,勿歸於商。(戬 9.13)

"歸"詞義中要求背景爲家或祖國,這可以從以下四個方面加以論證。首先從組合上看,在"歸"字小句中,"歸"後所出現的終點賓語或旁語,其所指均爲動體的家或祖國。例如:

(428) 竇太后聞之,怒,以危法中都,都免歸家。(《史記·酷吏列傳》)

(429) 司馬相如者,蜀郡成都人也,字長卿。……文君夜亡奔相如,相如乃與馳歸成都。(《史記·司馬相如列傳》)

(430) 蔡季自陳歸于蔡,蔡人嘉之也。(《左傳·桓公十七年》)

(431) 王子帶自齊復歸于京師,王召之也。(《左傳·僖公二十二年》)

其次,從詞義引申來看,"歸"有個引申義直接是[家],這是由動作轉指相關處所,例如:

(432) 弗克,使國人助之,遂滅崔氏,殺成與彊,而盡俘其家,其妻縊。嫳復命於崔子,且御而歸之。至,則無歸矣。乃縊。(《左傳·襄公二十七年》)

"歸"另有個引申義是[出嫁],可視爲[返回家]的隱喻結果,以下兩種解釋都支持這一看法。儒家傳統的解釋是女子以男爲家,故婦人長成出嫁曰歸。何休於《公羊傳》"婦人謂嫁曰歸"下注云:"夫人生以父母爲家,嫁以夫爲家,故謂嫁曰歸。"孔穎達於《易·漸》"女歸吉"下疏云:"女人生有外成之義,以夫爲家,故謂嫁曰歸也。"王鳳陽(2011:619)則認爲女子出嫁稱爲"歸"可能是父系氏族時期族外婚制度的産物。在這種制度下,女兒出嫁實際上是返回其母親所從出的氏族,因而可以用"歸"來稱謂。

最後,從當時人的名字匹配來看,《左傳》中魯公孫歸父、楚仲歸、鄭公子歸生、蔡公孫歸生、齊析歸父皆字"子家",這可以作爲

“歸”和“家”有密切聯繫的佐證。

需要討論的是,“歸、返、還、復”是否編碼了[指示]。王鳳陽(2011:739)把“歸、返、還、復”和“來”列爲一組近義詞,言外之意是認爲前者和“來”一樣,也編碼了[向説話者位置靠近]這一指示。對此,我們有些不同的看法。先討論“歸、返、還”。固然,我們常常見到這三個位移動詞和“來”描述同一段同一方嚮位移的用例,和“往”分别描述兩段方嚮相反的位移。例如:

(433) 及王郢卒,戊立爲楚王,胥靡申公。申公耻之,**歸**魯,退居家教,終身不出門,復謝絶賓客,獨王命召之乃**往**。(《史記·儒林列傳》)

(434) 西門豹顧曰:“巫嫗、三老不**來還**,奈之何?”(《史記·滑稽列傳》)

(435) 又復**往**,**反**報曰:“其亂加矣。”(《吕氏春秋·貴因》)

(436) 管仲、隰朋從於桓公而伐孤竹,春**往**冬**反**,迷惑失道。(《韓非子·説林上》)

(437) 十二月,晉國大夫欒、郤等聞重耳在秦,皆陰**來**勸重耳、趙衰等**反**國,爲内應甚衆。(《史記·晉世家》)

單就上述例子而言,“歸、返、還”在語義上似乎和“來”兼容,而和“往”有矛盾。可事實上,通過進一步考察我們就會發現,這三個動詞反過來也可以和“來”分别描述兩段方嚮相反的位移,而和“往”描述同一段同方嚮的位移。例如:

(438) 齊侯、衛侯、鄭伯如晉,朝嗣君也。……晉侯以齊侯宴,中行穆子相。投壺,晉侯先,穆子曰:“有酒如淮,有肉如坻。寡君中此,爲諸侯師。”中之。齊侯舉矢,曰:“有酒如澠,有肉如陵。寡人中此,與君代興。”亦中之。伯瑕謂穆子曰:“子失辭。吾固師諸侯矣,壺何爲焉,以其中儁也?齊君弱吾君,**歸**弗**來**矣。”(《左

傳・昭公十二年》)

(439) 居軍三年,吴師自潰。吴王帥其賢良與其重禄以上姑蘇。使王孫雒行成於越,曰:"……"王弗忍,欲許之。范蠡進諫曰:"……"王曰:"諾。"不許。使者往而復來,辭愈卑,禮愈尊,王又欲許之。……范蠡曰:"君王已委制於執事之人矣。子往矣,無使執事之人得罪於子。"使者辭反。范蠡不報於王,擊鼓興師以隨使者,至於姑蘇之宫,不傷越民,遂滅吴。(《國語・越語下》)

(440) 悼王二年,三晉來伐楚,至乘丘而還。(《史記・楚世家》)

綜合上述例子來看,"歸、返、還"在語義上既跟"來"兼容,也跟"往"兼容,這意味着這三者根本就没有編碼位移的指示。

接着討論"復"。《説文・彳部》:"復,往來也。"這一訓釋很不好解釋:"往來"表達的是雙程位移,而"復"則只表達單程位移,兩者顯然語義上並不等值。從文獻用例來看,我們目前只找到"復"跟"來"共同描述同一段同一方嚮位移的例子,以及"復"和"往"描述兩段方嚮相反位移的例子,例如:

(441) 睅其目,皤其腹,棄甲而復。于思于思,棄甲復來。(《左傳・宣公二年》)

(442) 故無往不復,何德不報。(《越絶外傳・紀策考第七》)

單就這一點而言,"復"似乎的確編碼了[指示],語義上相當於現代漢語的"回來"。可是,這一推論很難解釋下面這個例子。

(443) 管仲對曰:"……昭王南征而不復,寡人是問。"(楚使)對曰:"貢之不入,寡君之罪也,敢不共給?昭王之不復,君其問諸水濱!"師進,次於陘。(《左傳・僖公四年》)

該例中,齊楚雙方都提到了周昭王南征未還的史實,前者站在周天子的立場上,其所言的"不復"固然可以解釋爲[没有回來],可後者站在楚國的立場上,其所言的"不復"顯然解爲[没有回去]更爲合理。因此,根據這個例子來看,"復"應該也没有編碼指示成分。①

第五節　小　結

Talmy 前期以位移動詞爲中心,把語言分爲三類:位移動詞以[位移+方式]編碼模式爲主的方式類語言(manner-type language),位移動詞以[位移+路徑]編碼模式爲主的路徑類語言(path-type language),以及位移動詞以[位移+動體]編碼模式爲主的動體類語言(figure-type language)。黄錦章(2008)從王力等編寫的《古漢語常用字典》(第四版)中提取出了 72 個較爲通用的位移動詞,發現其中 75.4%的動詞都編碼了[路徑]。據此而言,上古漢語似乎應該歸入路徑類語言。可實際上,運用 Talmy 的前期分類應該有個必要前提,即該語言的[路徑]和[方式]一般分别編碼在不同的位移動詞中。而根據本章及上章的分析來看,上古漢語的路徑動詞雖然數量繁多,但大多數同時還編

① 《漢語大詞典》認爲上古漢語中有[返回]義的"旋",例如《詩・秦風・黄鳥》:"言旋言歸,復我邦族。"譚代龍(2008:176—177)也持相似主張,並指出這種用例只見於《詩》,不見於其他上古漢語傳世文獻。對於這一文獻分布的差異,他的解釋是,[返回]義的"旋"到《詩》時就已經不常用,所以才不見於時代後於《詩》的其他文獻。我們的看法不同於此。根據我們的調查,[返回]義的"旋"也不見於商周殷商卜辭和金文。這樣的話,我們就有一個疑惑,爲何在整個上古時期,單單只有《詩》有[返回]義的"旋",而此前此後的文獻却都没有呢?因此,我們完全有理由去懷疑《詩》中那三四例[返回]義"旋"的真實性。事實上,這幾例中的"旋"都可以解釋爲[轉身]。以《黄鳥》例來説,其中的"言旋言歸"表達的是轉身和回家兩個時間上相順承的動作。這一解釋也貼合整個《詩經》中虚詞"言"主要表示順承關係的語言現象(如《詩・周南・葛覃》"言告師氏,言告言歸"中的"言"就是如此)。

碼了[方式];而如果只比較純粹的路徑動詞和純粹的方式動詞,兩者在數量上並沒有多少差異。因此,我們認爲:Talmy 的前期分類並不適用於上古漢語這種大量存在同時編碼[路徑]和[方式]位移動詞的語言。

上古漢語位移動詞之所以數量繁多,主要有三方面的原因。一者,其中存在大量的同源詞(包括方言轉語),比如上移動詞“陟、登、升、乘、蒸、陵”和下移動詞“墮、墜”都分別是同源詞。二者,上古本身時間跨度比較大,其中存在大量不同時代詞的叠置現象。比如,上移動詞“陟”和“上”相比,前者在春秋戰國時期已經是一個古語詞,而後者則是一個“新生兒”;又如折回類動詞“復”在春秋戰國時已經衰落,“返”此時則“方當壯年”,最爲常用,而“還”則剛剛興起。三者,上古漢語正處於詞彙急劇派生的階段,這是我們尤其需要注意的地方。

詞的作用主要在於別同異,而其主要手段就是創制新詞。如果我們把上古漢語和現代漢語進行比較,就會發現兩者之間有一個明顯的區别:前者編碼位移事件的概念層面相對更爲精細,所以詞在語義層面含有更爲豐富的語義成分,在句法層面則表現出相對狹小的組合能力。比如,同是聚集事件,上古漢語中還專門爲鳥類定制了一個詞——“集”;同是徒步行走事件,上古漢語還專門爲水域定制了一個詞——“涉”;同是逃離事件,上古漢語中根據方式差異,分别創制了“逸”和“遁”,前者是輕快的方式,後者是隱蔽的方式。又如,“翔”編碼了三種位移成分,動體爲[鳥],背景爲[空中],方式則是[回旋];“涉”編碼了四種位移成分,動體爲[人或獸],背景爲[水中],方式爲[徒步],向量爲[經過]。

“别異”除了運用創制新詞手段之外,還可以對舊詞加以改造,分化其語義職能。比如,“登”和“升”本是音轉同源詞,詞義没有什麼差異。但在運用過程中,人們逐漸形成一種規約:憑空式上移(如鳥的向上飛行)只能用"升",依托式上移則一般用"登"。又如,"彷徨"和"徜徉"本來也是音轉同源詞,表達的都是來回走動。跟來回走動這種外在動作相關的是兩種截然不同的心理狀態:或者是疑而不定,或者是心無所念。最初,"彷徨""徜徉"表達的位移動作都可以跟上述兩種心理狀態相聯繫。但在具體運用中,人們逐漸形成一種規約:疑而不定的來回走動用"彷徨",心無所念的來回走動則用"徜徉"。

與此同時,我們也看到另一個跟"别異"相反的走向——"趨同"。無限制的新詞創制無疑能使語義在詞彙層面達到最大區别,但這明顯很不經濟,因爲每一個詞的創制都意味着多一個需要長時記憶的語言單位。因此,人們需要根據隱喻機制,不斷把詞運用到相似的新環境中。這固然符合經濟原則,但又有損於區别原則,因爲隱喻會引起詞義的不斷泛化,進而導致詞義特點的臨時淡化或長久遺忘。比如,"涉"和"濟"原本編碼的位移方式有别,可當兩者都用於乘船過水時,位移方式上的差異也就臨時消失了。又如,對於上古時期來説,我們已經無法完全確定"降"是否編碼了背景——山陵(雖然根據"陟"的表現,我們更願意相信"降"最初是爲表達下山而創制的),也無法確定"墜"最初是否編碼了動體——山石。①

而在動體、背景、方式、路徑四個語義成分中,最容易發生泛化的則是動體,其次是背景,再次是方式,最不容易發生泛化的則是路徑。以"雨"爲例,它的動體從雨擴展到雪、雹,再進一步擴展到動物,但不管怎麽擴展,動體下落的方式總是跟雨相似,還是憑空式的散落。又如"涉",當背景擴展到陸域的沙漠時,徒步的位

① 根據段玉裁的看法,"墜"最初要求動體爲山石也並非不可能,他在"隊"字下注云:"蓋古語一隊,猶言一堆。物墮於地則聚,因之名隊爲行列之偁。"

移方式仍保留着。再如“游”,無論動體是魚還是人,或者背景由水域擴展到陸域,[無定嚮]的位移方式仍一直保留着。路徑的泛化則相對少見,如“遷”本來編碼了[上移],但在運用中被逐漸淡忘。在有些同時編碼了動體、背景或方式的路徑動詞中,我們看到:動體、背景、方式很容易發生泛化,而路徑則能比較頑强地保留下來。比如,“就”本義爲[向高處靠近],其背景應該是土丘之類的高地,但在運用中這一背景限制漸被遺忘,但原來所編碼的[到達]向量還保留着。又如,“臻”本義爲[密集地到達],但在運用中[密集]這一方式上的限制漸被遺忘,而[到達]向量依舊保留着。再如,“過”最初應該是[跨過]的意思,但在運用中不斷泛化,[跨]這一方式被完全淡忘,但[經過]這一向量依舊保留着。

正因爲路徑是最能保留下來的語義成分,所以將那些既編碼了路徑同時又編碼了動體、背景或方式的位移動詞歸入路徑動詞是恰當的。同理,將那些編碼了方式同時又編碼了動體或背景的位移動詞歸入方式動詞也是恰當的。而那些一開始只編碼動體或(和)背景的位移動詞,在語義泛化後能保留下來的一般是跟原先動體或背景類型密切相關的位移方式;因此,這些動詞也可以歸入方式動詞。綜上,我們可以把位移動詞分類如下:

- 位移動詞
  - 路徑動詞
    - 純粹的路徑動詞:[位移+路徑],如:“去”“上”
    - 不純粹的路徑動詞:[位移+路徑+動體/背景/方式],如:“逸”“陟”
  - 方式動詞
    - 純粹的方式動詞:[位移+方式],如:“徜徉”
    - 不純粹的方式動詞:[位移+方式+動體/背景],如:“翔”“騁”
      [位移+動體/背景],如:“飛”“游”

以上是從語義角度對位移動詞作出的分類,下一章將從句法層面來考察上述語義分類是否有助於説明各類位移動詞的句法表現。

第三章　上古漢語位移動詞的句法配位

在上一章裏，我們以動詞爲核心，在詞的層面討論了上古漢語位移成分的語義合併模式。而在這一章裏，我們想繼而在小句和句子的層面，討論表達各位移成分的詞語的句法配位模式，以及相關的制約原則。

第一節　位移動詞與位移事件

在上一章裏，我們已經看到，上古漢語存在大量詞義中已經編碼了[位移]這一語義成分的動詞。在表達位移事件時，首選的語言策略就是讓這些動詞(或包含這些動詞的組合形式)在句子中實現爲謂語，例如：

(1) 王子搜援綏登車，仰天而呼曰：……(《莊子·讓王》)

(2) 孔子西游於衛。(《莊子·天運》)

例(1)王子搜向上移動，到了車上；例(2)孔子向西而行，到了衛國。兩句話都凸顯了動體的位置變化，因而整個句子表達的是位移事件。

毫無疑問，位移動詞實現爲謂語是位移事件得以成功表達的常規手段。但是，這並不意味着只要一出現位移動詞謂語，該句表達的就是位移事件，因爲對於同樣的客觀位移場景，説話者可以採用不同的編碼方式進行表達，從而形成不同類型的事件。

例如：

(3) 吴王浮於江，登乎狙之山。衆狙見之，恂然棄之而走，逃於深蓁。(《莊子・徐無鬼》)

(4) 孔子游乎緇帷之林，休坐乎杏壇之上(《莊子・漁父》)

例(3)"登乎狙之山"將吴王爬山的場景編碼爲一般動作事件，其中的"狙之山"跟"江"一樣，只是表達了位移動作發生的處所，而非位移的終點。例(4)"游乎緇帷之林"將孔子游行的場景編碼爲一般動作事件，其中的"緇帷之林"跟"杏壇之上"一樣，只是表達了位移動作發生的處所，而非位移的終點。

從上面的例子及其分析來看，出現位移動詞謂語的小句不一定表達的就是位移事件。那麽，反過來説，是不是想要表達位移事件，相應小句的謂語必須是位移動詞呢？自移事件的確如此，致移事件則不盡然。比較：

(5) 乃使魏壽餘僞以魏叛者，以誘士會。執其帑於晉，使夜逸。請自歸于秦，秦伯許之。(《左傳・文公十三年》)

(6) 以舟之可行於水也而求推之於陸，則没世不行尋常。古今非水陸與？周、魯非舟車與？今蘄行周於魯，是猶推舟於陸也，勞而無功，身必有殃。(《莊子・天運》)

(7) 執衛侯，歸之于京師，寘諸深室。(《左傳・僖公二十八年》)

(8) 思天下之民，匹夫匹婦有不被堯舜之澤者，若己推而内之溝中。(《孟子・萬章上》)

"執"和"推"這兩個動詞都没有詞化[位移]這一語義成分，由它們作謂語的小句一般都不表達位移事件，如例(5)和例(6)：例(5)只是説在晉國抓捕了壽餘的家人，例(6)只是説在陸地上推着船，而不是説把船推到陸地上。當説話者要進一步説明所執者和所推者的位移終點時，一般會藉助其他動詞來引入，如例(7)中的"歸"

和例(8)中的“内(納)”。下例跟例(6)也類似：

(9) 不重傷，不擒二毛，不推人於險，不迫人於阨，不鼓不成列。(《韓非子・外儲説左上》)

該例的“險”是“推人”的背景，“推人於險”是説在别人身處險境時再推一把。在先秦文獻中似乎没有見到“推”的補語指位移終點的用例，也就是説“推”不作位移動詞謂語，單用並不能表達位移事件。①

第二節　動體和背景的句法實現

在位移事件中，相對於背景，動體是更受關注的實體。反映在小句中，動體一般占據更爲凸顯的句法位置。在主賓語格局的語言中，小句最凸顯的句法位置是主語，其次是賓語，再次是旁語。

一、無標記配位格式

在上古漢語中，旁語可以分爲右側旁語和左側旁語，前者位於謂語動詞右側(後面)，且以介詞引入(相當於介詞短語作補語)；後者位於謂語動詞左側(前面)，其中有介詞引入者我們稱之爲有標記左側旁語(相當於介詞短語作狀語)，無介詞引入者我們

① [推]跟[投]同爲手部動作，施事的目的也都旨在移動某實體，但兩者有個質的區别。後者意味着實體一定發生了位置移動(多爲離開施事的手中)，而前者則不一定會帶來實體的位置移動，例如：《韓非子・外儲説右下》：“造父之遇驚馬，牽馬推車則不能進，代御執轡持策則馬咸騖矣。”該例中，造父雖然在後面推車，可受驚之馬却死活不肯走，結果車子也無法移動。反映在句法上，表達位移事件的“推”字小句在上古傳世文獻中很少見，總共只有 2 例；而表達位移事件的“投”字小句却高達 31 例(“推”的總用例爲 171 例，而“投”的則爲 108 例)。根據這兩點，我們認爲“投”是致移動詞，而“推”却不是。

稱之爲零標記左側旁語(相當於名詞性詞語直接作狀語)。

具體來看,在自移事件中,動體一般實現爲主語,背景則實現爲賓語或旁語。例如:

(10) 鳴鳩拂其羽,戴任降於桑。(《吕氏春秋·季春紀》)

(11) 公從外來而有不樂之色,何也?(《韓非子·十過》)

(12) 楚人有涉江者,其劍自舟中墜於水,遽契其舟曰:"是吾劍之所從墜。"(《吕氏春秋·察今》)

(13) 雲氣西行,云云然冬夏不輟;水泉東流,日夜不休;上不竭,下不滿;小爲大,重爲輕;圜道也。(《吕氏春秋·環道》)

在上述例子中,"戴任""公""楚人""劍""雲氣"和"水泉"表達的是動體,在句中充當的是主語。"桑""水""舟中""外""西""東"表達的是背景,其中:"桑""水"實現爲右側旁語,"外""舟中"實現爲有標記左側旁語,"西""東"實現爲無標記左側旁語(這僅見於方位詞和少量處所詞)。

在致移事件中,致事(agent)是整個位移事件得以發生的動力源,它比動體更受關注,因而在句中實現爲主語,動體和背景則依次降低句法實現的位置。比較:

(14) 宣王太息,動於顏色,曰:"静郭君之於寡人,一至此乎!寡人少,殊不知此。客肯爲寡人少來静郭君乎?"劑貌辨答曰:"敬諾。"静郭君來,衣威王之服,冠其冠,帶其劍。(《吕氏春秋·知士》)

(15) 將歸樂祁,士鞅曰:"三年止之,無故而歸之,宋必叛晉。"獻子私謂子梁曰:"寡君懼不得事宋君,是以止子。子姑使溷代子。"子梁以告陳寅。陳寅曰:"宋將叛晉,是棄溷也,不如待之。"樂祁歸,卒於大行。(《左傳·定公八年》)

(16) 歲云秋矣,我落其實而取其材,所以克也。實落材亡,不敗何待?(《左傳·僖公十五年》)

例(14)中,同樣是動體静郭君,當他參與的是自移事件時,其在小句中則實現爲主語("静郭君來"),當他參與的是致移事件時,則在句中降而實現爲賓語("來静郭君")。例(15)中,同樣是動體樂祁,當他參與的是自移事件時,其在小句中則實現爲主語("樂祁歸"),當他參與的是致移事件時,則在句中降而實現爲賓語("歸樂祁""歸之")。例(16)亦是如此。

動體降而實現爲賓語,這直接影響到背景在謂語後的句法實現,具體來説表現在以下兩個方面。首先,動體的降位出現,有時會降低背景在謂語後句法位置出現的可能。我們注意到有些位移動詞在表達自移事件時,背景有很高的同現頻次;可在表達致移事件時,背景的同現頻次則明顯下降。以《左傳》和《國語》的"復"爲例,由其作謂語的自移句共有50例,其中終點背景同現者20例;致移句共有37例,却未見1例終點背景同現。例如:

(17) 天以命矣,復於壽星,必獲諸侯。(《國語·晉語四》)

(18) 十一月,衞侯自鄄入,般師出。……衞人復公孫般師而立之。(《左傳·哀公十七年》)

其次,當動體出現在謂語後,一般占據的是緊隨動詞之後的主要賓位(即近賓語位置)後,背景若要同現,則只能退而求其次,或者占據動體賓語之後的次要賓位,即遠賓語位置,如例(19)中的"河中",或者以右側旁語身份出現,如例(20)中的"江":

(19) 乃投璧河中,以與子犯盟。(《史記·晉世家》)

(20) 若以越國之罪爲不可赦也,將焚宗廟,係妻孥,沈金玉於江,有帶甲五千人,將以致死,乃必有偶。(《國語·越語上》)

相比之下,"投河中璧""沈於江金玉"之類相反的句法配位格式則很難見到，不合乎上古漢語語法規則。需要指出的是，例(19)這類配位格式早期有一定的限制條件，動體大多數以代詞"之"身份出現。以"投"爲例，"投＋O(F)＋O(G)"格式共有 12 例，其中 9 例的 O(F)由代詞"之"充當。這説明"投＋O(F)＋O(G)"之類格式的産生，最初是出於語用驅動，是爲遵循"舊信息在前，新信息在後"的句子信息編碼原則而作出的臨時調整。

當施事没有出現時，致移事件中的動體可以通過話題化，占據主位；而背景則相應可以占據賓位。例如：

(21) 子胥沈江，比干剖心。(《莊子・盜跖》)

綜上，在自移事件和致移事件中，動體和背景的句法實現遵循以下優先序列：

語義角色：(施事＞)動體＞背景

句法位置：主語＞主要賓語＞次要賓語＞旁語

語義角色上處於高端者，則相應優先選擇處於高端的句法位置。而決定語義角色序列的則是施動性和關注度兩個指標，受關注度最低的背景處於末端；施動性最高的施事處於最前面；動體則介於兩者之間。

二、有標記配位格式

在上古傳世文獻中，我們有時也會見到違反上述優先序列的例子。例如：

(22) 乃自投稠水而死。(《莊子・讓王》)

(23) 有頃，曰："巫嫗何久也？弟子趣之！"復以弟子一人投河中。(《史記・滑稽列傳》)

兩例中背景均實現爲賓語，而動體却實現爲句法等級更低的旁語，其中例(22)中爲左側無標記旁語，例(23)中爲左側有標記旁語。要解釋這一現象，我們需要去尋找導致優先序列被打破的因素。

當致移事件中施事和動體所指同一時,“自”所表動體爲已知實體,跟背景相比明顯屬於舊信息。根據“越是舊信息,語序上越靠前”的信息編碼原則,已知動體置於謂語前,實現爲左側旁語。事實上,“自”所表的信息量確實微乎其微,有時甚至隱而不現也不會改變整個句意,例如:

(24) 故懷負石而<u>**投**</u>河,是行之難爲者也,而申徒狄能之;然而君子不貴者,非禮義之中也。(《荀子·不苟》)

例(24)也是一樣,根據語境已經可以預測到動體將是弟子,因而根據句子信息編碼原則,也可以臨時讓動體實現爲謂語前有標記旁語。如此看來,當句子信息編碼原則壓倒關注度原則時,上述的優先序列就會被打破。

除了信息編碼原則,受影響度原則也會迫使優先序列作出調整。事實上,例(24)這種句法配位更多的時候是旨在表達位移事件對終點背景的影響,比較:

(25) 以其言非吾言者,是猶以卵<u>**投**</u>石也,盡天下之卵,其石猶是也,不可毀也。(《墨子·貴義》)

(26) 今以木擊木則拌,以水<u>**投**</u>水則散,以冰<u>**投**</u>冰則沈,以塗<u>**投**</u>塗則陷,此疾徐先後之勢也。(《吕氏春秋·論威》)

同樣是“以 O(F)+投+O(G)”格式,例(24)致移事件的目的在於淹死動體弟子;例(25)致移事件則旨在毀壞終點背景石,動體鷄蛋的打破則並非出於初衷。例(26)更有意思,“投”字句和“擊”字句並列,更説明“以 O(F)+投+O(G)”旨在表達位移事件對終點背景的影響。該句三個“投”字句的大意是:把水扔到水裏,水面就會散開;把冰扔在冰面上,冰面因爲重量增加就會下沉;把泥扔在泥上,泥因爲重量增加就會下陷。雖然動體和終點背景分别同爲水、冰、泥,但各個“投”字句表達的都是對作爲終點背景的水、冰、泥的影響，而不考慮是否影響到了作爲動體的水、冰、泥。如此看來，終點背景升格占據賓位，動體降級實現爲謂語前旁語，這跟事件參與者受影響度有關：在致移事件中，默認的受影響者是動體；而當説話者有意强調對終點背景的影響時，就會採用"以O(F)＋投＋O(G)"配位格式。這一點在"以O(F)＋投＋O(G)"的變式中也可以得到驗證，例如：

(27) 以俎、壺**投**，殺人而後死。(《左傳·襄公二十八年》)

(28) 知伯怒，**投**之以机，出於其間，曰："女成二事，而後告余。"(《左傳·襄公十年》)

(29) **投**我以木瓜，報之以瓊琚。(《詩·衛風·木瓜》)

例(27)爲"以O(F)＋投"格式，位移事件是爲了殺死終點背景；例(28)爲"投＋以O(F)"格式，位移事件是爲了擊打終點背景，結果却扔在了兩個背景之間的位置；例(29)也是"投＋以O(F)"格式，位移事件旨在轉移對動體的所有權，從而使終點背景受益。如此看來，部分給予事件，實際上可以分析爲終點背景更受影響的致移事件。

下面，我們以"降"爲例，看看優先序列、信息編碼原則、受影響度原則三者相互作用的情形。在上古傳世文獻中(包括《尚書》和《詩經》)，"降"作謂語有210例，除了18例致移用法用例之外，其餘用例均符合優先序列。由此可見，優先序列决定着絶大部分"降"用例的論元實現。例如：

(30) 鳴鳩拂其羽，戴任**降**於桑。(《吕氏春秋·季春紀》)

(31) 國之將興，明神**降**之，監其德也；將亡，神又**降**之，觀其惡也。(《左傳·莊公三十二年》)

(32) 神**降**福而不靡，民服教而不僞。(《晏子春秋·内篇問上》)

(33) 天**降**禍於周，俾我兄弟並有亂心，以爲伯父憂。(《左

傳·昭公三十二年》)

(34)《詩》曰:“靖共爾位,好是正直。神之聽之,介爾景福。”恤民爲德,正直爲正,正曲爲直,參和爲仁。如是,則神聽之,介福降之。(《左傳·襄公七年》)

例(30)和例(31)爲自移用法,動體均實現爲主語,背景則實現爲賓語或右側旁語。例(32)—例(34)爲致移用法。其中,例(32)和例(33)中施事實現爲主語,動體實現爲賓語,背景則或者没有出現,或者實現爲旁語;在這兩例所描述的致移事件中,終點背景雖然相對於動體更受影響,但整個句子的配位却還是遵循了優先序列。例(33)中没有出現施事,動體優先話題化,實現爲主語,背景則實現爲賓語,這既符合優先序列,也符合信息編碼原則。

而在違反優先序列的18例中,有3例是由於話題化導致動體實現爲主語,例如:

(35) 下民之孽,匪降自天。(《詩·小雅·十月之交》)

上例在《左傳》和《荀子》中各引用1次。此例中,信息編碼原則壓倒優先序列,結果施事退而以旁語出現。1例爲“降+O(G)+以O(F)”格式,這是受影響度原則壓倒優先序列的結果,例如:

(36) 天降朕以德,示朕以默,躬身求之,乃今也得。(《莊子·在宥》)

其餘14例爲“降+O(G)+O(F)”格式,其中O(G)均爲代詞(13例爲“之”,1例爲“爾”),並且所指實體均爲禍福災難之類。這種格式同時符合受影響度原則和信息編碼原則。例如:

(37) 降爾遐福,維日不足。(《詩·小雅·天保》)

(38) 故務其三時,修其五教,親其九族,以致其禋祀,於是乎民和而神降之福,故動則有成。(《左傳·桓公六年》)

(39) 敝邑失政,天降之災,又懼讒慝之間謀之,以啓貪人,薦爲敝邑不利,以重君之憂。(《左傳·昭公十八年》)

(40) 天之假助不善,非祚之也,厚其凶惡而**降**之罰也。(《左傳·昭公十一年》)

在這四個例子所描述的位移事件中,相對於動體,終點背景是更受影響的實體,同時有關它的信息屬於已知信息。將上述例子和例(32)及例(33)進行比較就會發現,兩者的共同點在於,終點背景在所描述位移事件中都是更受影響的實體;區別在於有關前者動體的信息均屬於已知信息。由此來看,真正決定例(37)—例(40)這種配位格式的是信息編碼原則,受影響度只是起輔助作用而已。

三、多個動體的句法實現

當位移事件中有多個動體時,這些動體又會以怎樣的方式出現在句子中呢?最簡單也是最常用的方法就是將動體打包在一起,在句法上只占據一個句法位置。在這種實現方式中,各動體沒有主次之分。例如:

(41) 姦臣愈進而材臣退,則主惑而不知所行,民**聚**而不知所道,此廢法禁、後功勞、舉名譽、聽請謁之失也。(《韓非子·飾邪》)

(42) 齊、秦相**聚**以臨三晉,禮必并相之,是君收齊以重呂禮也。(《戰國策·秦策三》)

(43) 而謀臣不爲,引軍而退,復與荆人爲和,令荆人得收亡國,**聚**散民,立社稷主,置宗廟,令率天下西面以與秦爲難,此固以失霸王之道一矣。(《韓非子·初見秦》)

稍微複雜一些,就是讓多個動體實現爲不同的句法角色,一個實現爲主語,另一個實現爲旁語或賓語。在這種實現方式中,動體相互之間往往有主次之分。實現爲主語者是主要動體,實現爲旁語或賓語者爲次要動體。很明顯,這種語義角色和句法位置的對應關係,遵循的是臨摹原則。先看多個動體分別實現爲主語和旁語的情況，例如：

(44) 十八年春，公將有行，遂與姜氏如齊。(《左傳・桓公十八年》)

(45) 公之爲公子也，與鄭人戰於狐壤，止焉。鄭人囚諸尹氏。賂尹氏，而禱於其主鍾巫，遂與尹氏歸，而立其主。(《左傳・隱公十一年》)

(46) 鬬辛與其弟巢以王奔隨。(《左傳・定公四年》)

例(44)中主要動體是魯桓公，次要動體是姜氏；例(45)中主要動體是魯隱公，次要動體是尹氏；例(46)中主要動體是鬬辛，次要動體是鬬辛弟和楚昭王。從語義層面看，主要動體在整個事件中起着最主要的作用，即發揮了最大的施動性。一般而言，社會地位高者對社會地位低者有統攝能力，因而經常實現爲主要動體，如例(44)和例(45)；但在特殊情況下，社會地位低者也有可能成爲整個位移事件的主導者，如在例(46)所描述的逃難過程中，正是鬬辛的盡忠盡職，才救下了楚昭王。而在篇章層面，主要動體是整個話題鏈談論的對象，次要動體只在某個局部談話中出現，比如例(45)整段話談論的話題都是魯隱公。

再看多個動體分別實現爲主語和賓語的情況，例如：

(47) 十八年春，晉侯、衛大子臧伐齊，至於陽谷。齊侯會晉侯盟於繒，以公子彊爲質於晉。晉師還。蔡朝、南郭偃逃歸。(《左傳・宣公十八年》)

(48) 公會齊侯、鄭伯於老桃。(《左傳・隱公十年》)

在例(47)中，齊侯爲促使晉退兵，主動請會，他在現實的會合場景中是主動發出者，而在説話者構建的位移事件中，也被視爲主要動體。有時候，某實體在現實的會合場景中雖非主導者，但叙述者出於自身的立場，也可以將該實體構建爲位移事件的主要動體，如例(48)。像例(48)這樣的句子在《左傳》中非常典型，凡會合場景中出現了魯君或魯卿，在位移事件構建中基本被視爲主要動體。這顯然是因爲説話者是站在魯國的立場上在進行敘述。

四、多種背景的句法實現

按照向量類型，背景可以分爲起點背景（SF）、經點背景（PF）和終點背景（GF）。總體上，在上古漢語中，多種背景在小句中同現的用例並不多，並且未見三種背景同現者。單按照語序先後（即不考慮背景具體是實現爲賓語還是旁語），以謂語動詞（V）爲分界點，兩種背景的同現模式，邏輯上有以下 18 種可能（“＞”表示語序上先於，畫波浪綫者爲實際語料中没有實現的模式）：

表 3－1

同現於 V 左側	分居於 V 兩側	同現於 V 右側
SF＞PF＞V	SF＞V＞PF	V＞SF＞PF
PF＞SF＞V	PF＞V＞SF	V＞PF＞SF
SF＞GF＞V	SF＞V＞GF	V＞SF＞GF
GF＞SF＞V	GF＞V＞SF	V＞GF＞SF
PF＞GF＞V	PF＞V＞GF	V＞PF＞GF
GF＞PF＞V	GF＞V＞PF	V＞GF＞PF

可在實際語料中，却只看見如下 5 種：

SF＞PF＞V（少見）：

（49）上自南郡由武關歸。（《史記·秦始皇本紀》）

SF＞V＞PF（少見）：

（50）於是繆公乃自茅津渡河，封殽中尸，爲發喪，哭之三日。（《史記·秦本紀》）

PF＞V＞GF（常見）：

（51）漢王之國，項王使卒三萬人從，楚與諸侯之慕從者數萬

人，從杜南**入**蝕中。(《史記·高祖本紀》)

(52) 二年，楚懷王亡逃歸，秦覺之，遮楚道，懷王恐，乃從閒道**走**趙以求歸。(《史記·楚世家》)

SF＞V＞GF(最常見)：

(53) 他日由鄒**之**任，見季子，由平陸**之**齊，不見儲子。(《孟子·告子下》)

(54) 楚人有涉江者，其劍自舟中**墜**於水，遽契其舟曰："是吾劍之所從墜。"(《吕氏春秋·察今》)

(55) 孔子自周**反**于魯，弟子稍益進焉。(《史記·孔子世家》)

V＞GF＞SF(少見，僅見於《禮儀》)[①]：

(56) 主人**升**席自北方。(《儀禮·鄉飲酒禮》)

在未實現的 13 種可能模式中，有 6 種是 GF 先於 V，有 2 種是 GF 後於 V；有 10 種是居於 V 同側，有 3 種是分居 V 兩側。而在實現了的 5 種模式中，有 3 種是 GF 後於 V，未見 GF 先於 V 者；有 3 種是分居 V 兩側，2 種是居於 V 同側。而根據臨摹原則(即事件中先發生的動作在句法上也相應占據靠前的位置)，SF＞PF＞GF 應是優勢語序，未實現的 13 種可能模式中，有 8 種違反了臨摹原則；實現的模式中有 1 種違反了臨摹原則。綜合起來，我們可以看看實現了的 5 種模式和未實現的 13 種模式分别符合哪些原則("＋"表示符合，"－"表示違背，空白不涉及該原則)。

表 3-2

	臨摹原則	分居兩側原則	終點背景居於 V 後原則
SF＞PF＞V	＋	－	
SF＞V＞PF	＋	＋	

① 甲骨文中可能有"$V+PN_{SF}+PN_{GF}$"格式，如(張玉金，2001：180)：今日王步自轡於非(《合集》)。這類句子中的"於"，既可以分析爲介詞，也完全可以分析成動詞。

續表

	臨摹原則	分居兩側原則	終點背景居於 V 後原則
PF＞V＞GF	＋	＋	＋
SF＞V＞GF	＋	＋	＋
V＞GF＞SF	－	－	＋
V＞GF＞PF	－	－	＋
V＞SF＞GF	＋	－	＋
V＞PF＞GF	＋	－	＋
SF＞GF＞V	＋	－	－
GF＞SF＞V	－	－	－
GF＞V＞SF	－	＋	－
PF＞GF＞V	＋	－	－
GF＞PF＞V	－	－	－
GF＞V＞PF	－	＋	－
V＞SF＞PF	＋	－	
PF＞SF＞V	－	－	
PF＞V＞SF	－	＋	
V＞PF＞SF	－	－	

根據上表，我們可以得到以下三點基本認識：首先，當出現終點背景時，其位置必須位於 V 後，且應儘量遵循分居兩側原則。例外只有“V＞GF＞SF”式。殷國光（2008：338—343）對上古文獻中介詞“自”引介位移起點的句式作過統計，當終點背景和起點背景在小句中同現時，“自”字短語居於 V 前共 59 例，分布在 12 部文獻中；居於 V 後 13 例，均見於《儀禮》。進一步看來，我們發現《儀禮》的這 13 例均爲“升/降＋席＋自＋N”，能產性相當差。因此，可以把“升席”和“降席”視爲支配式的合成詞，“升席自 N”類似於現代漢語“登陸上海”之類格式。如此看來，“V＞GF＞

SF”式在上古漢語中即使存在，也是一種非常受限制的格式。①換個角度，我們也可以從動詞角度來論證起點背景和終點背景在V後的不兼容性。以“至、返”爲例，可以見到起點背景或終點背景單現的“至/返＋(P)N_{GF}”“至/返＋PN_{SF}”“PN_{SF}＋至/返”格式，也可以見到起點背景和終點背景分居V兩側的“PN_{SF}＋至/返＋(P)N_{GF}”，却見不到起點背景和終點背景同居於V右側的“至/返＋PN_{SF}＋(P)N_{GF}”或“至/返＋(P)N_{GF}＋PN_{SF}”。例如：

(57) 秋，公至自晉，欲求成於楚而叛晉。(《左傳·成公四年》)

(58) 反自鄢陵，欲盡去群大夫，而立其左右。(《左傳·成公十七年》)

(59) 其兄自外至，曰：“是鶂鶂之肉也。”(《孟子·滕文公下》)

(60) 丕鄭之自秦反也，聞里克死，見共華曰：“可以入乎？”(《國語·晉語三》)

(61) 二月丙申，齊師至於蒲隧，徐人行成。(《左傳·昭公十六年》)

(62) 五年，晉卿中行、范氏反晉，晉使智氏、趙簡子攻之，范、中行氏亡奔齊。(《史記·秦本紀》)

(63) 自郢至此，士大夫亦久勞矣。(《史記·鄭世家》)

(64) 於是孔子自楚反乎衛。(《史記·孔子世家》)

其次，分居於兩側者，能否實現，需要進一步由臨摹原則來決定：符合臨摹原則者方能實現。這可以解釋爲何分居兩側的6種可能模式中，實現的是“SF＞V＞PF”“SF＞V＞GF”和

---

① 退一步講，即使承認《禮記》中的“升席”“降席”之類是短語，我們可以從語用層面解釋爲何“自”字短語有大量右置的例子。這是因爲《禮記》此書講述了大量禮儀性的位移動作，這些動作的起點、方嚮或終點都有嚴格的規定。因此，在表達時爲了凸顯位移動作的起點，就會採取“自”字短語右置的語言策略。這跟本章第四節中“從”字短語和“由”字短語的右置動機完全一樣，可互相參看。

"PF＞V＞GF"，未實現的是"PF＞V＞SF""GF＞V＞SF"和"GF＞V＞PF"。

最後，"SF＞V＞GF"和"PF＞V＞GF"符合三項原則，因而成了上古漢語中常見的同現模式。相對於前者，後者用例要明顯少些，這主要是因爲當時能標記經點背景的"由、從"等介詞才剛剛興起。因此，到了中古漢語時候，我們就經常可以見到這種格式的例子，甚至其中同時出現了多個經點背景。[①] 比較：

(65) 楚子涉雎，濟江，入于雲中。(《左傳・定公四年》)

(66) 過五鹿如齊，齊桓公死。(《吕氏春秋・上德》)

(67) 乃與私屬遂去豳，度漆、沮，踰梁山，止於岐下。(《史記・周本紀》)

(68) 今賊摧折，宜遂乘之，從陰平由邪徑經漢德陽亭趣涪……(《三國志・鄧艾傳》)

上古漢語中，由於"由、從"等介詞才剛剛興起，經點背景更多時候是直接實現爲V後賓語，結果相關終點背景只能用另一個動詞來引入，否則就會違背分居兩側原則。而到了中古時期，經點背景更多是用"由、經"等介詞標引，實現爲V前旁語；而終點背景則實現爲賓語。這種配位同時符合臨摹原則、分居兩側原則和終點背景後於V原則，因而在後世有着非常高的使用頻次。

第三節　方式的句法實現

在位移事件中，我們有時會關注：動體以何種方式移動，是何種方式的動作致使了動體的移動，移動後動體又是以何種方式處

① 《史記》中也可以見到多個經點背景同現的用例，只是小句中没有出現其他類型背景。例如《項羽本紀》：沛公則置車騎，脱身獨騎，與樊噲、夏侯嬰、靳彊、紀信等四人持劍盾步走，從酈山下，道芷陽閒行。

在終點位置的？所有這些問題涉及方式：移動方式、致使方式以及存在方式。

移動方式主要有兩種表達方式，或者是由"飛""游""步""走""奔"等詞化了方式的位移動詞來表達，或者是由居於左側旁語位置的副詞等來表達。[①] 例如：

(69) 越翼日癸巳，王朝<u>步</u>自周，于征伐商。(《尚書·武成》)

(70) 三人亡馬<u>步</u>行，行數十里。(《史記·李將軍列傳》)

(71) 乳母如其言，謝去，<u>疾步</u>數還顧。(《史記·滑稽列傳》)

(72) 范雎聞之，爲<u>微</u>行，敝衣<u>閒步</u>之邸，見須賈。(《史記·范雎蔡澤列傳》)

(73) 遂<u>疾</u>進師，車<u>馳</u>卒<u>奔</u>，乘晉軍。(《左傳·宣公十二年》)

(74) <u>徐</u>行<u>翔佯</u>而歸，絶學捐書，弟子無挹於前，其愛益加進。(《莊子·山木》)

上述例子中，移動方式可直接由"步""馳""奔""翔佯"來表達，這些動詞可以單獨作小句謂語，也可以由"疾""微""閒""徐"來表達。當然，有時兩種表達方式可以同時使用，如例(72)的"閒步"，同時表達了[私下]、[徒步]兩種位移方式。需要指出的是，上述方式動詞也可以跟路徑動詞連用，整體作句子的謂語；這時，常規語序是方式動詞在前，路徑動詞在後，如例(72)的"閒步之邸"和例(74)的"翔佯而歸"。

處於連動式前位的方式動詞很容易虛化爲副詞，如"徒"。比較：

(75) 賁其趾，舍車而<u>徒</u>。(《易·賁》)

(76) 析朱鉏宵從竇出，<u>徒</u>行從公。(《左傳·昭公二十年》)

---

① 偶爾，可以由居於左側的名詞來表達位移方式，例如《史記·宋微子世家》："周武王伐紂克殷，微子乃持其祭器造於軍門，肉袒面縛，左牽羊，右把茅，膝<u>行</u>而前以告。"

(77) 凡國不**徒**安，名不**徒**顯，必得賢士。(《吕氏春秋·期賢》)

在上古傳世文獻中，“徒”單獨作謂語僅《易·賁》1 例，其他表位移事件時均是“徒”和“行、步”連用，如例(76)。非但如此，此時“徒”更多的時候是和非位移動詞連用，如例(77)。對比以上三個例子，例(75)和例(76)的“徒”雖然都詞化了[位移]；但在後者中由於“行”的存在，“徒”更多是爲了凸顯位移的方式[單用脚]，即[不藉助任何交通工具]。而到了例(77)中，由於相連的動詞是非位移動詞，“徒”不再包含[位移]這一語義成分，相應地[不藉助任何交通工具]這一語義成分也進一步泛化爲[不藉助任何工具或手段]。例(77)是説國安和名顯都不會平白無故，必須藉助賢人，其中的“徒”已經虚化爲範圍副詞。

又如“潛”。例如：

(78) 夫至人者，上闚青天，下**潛**黄泉，揮斥八極，神氣不變。(《莊子·田子方》)

(79) 越子以三軍**潛**涉，當吴中軍而鼓之，吴師大亂，遂敗之。(《左傳·哀公十七年》)

(80) 三月，晉侯**潛**會秦伯于王城。(《左傳·僖公二十四年》)

(81) 使長鬣者三人**潛**伏于舟側，曰：“我呼餘皇，則對。”(《左傳·昭公十七年》)

例(79)“潛”與位移動詞“涉”連用，雖然還詞化了[位移]，但更多是凸顯[暗地、隱密]這一位移方式。而到了例(80)中，“潛會”固然還可以解釋爲[暗地裹前往王城並會見秦伯]，但也可以解釋爲[在王城暗地裹會見秦伯]。如果是後一種理解，“潛”就等於臨時喪失了[位移]這一語義特徵。再進一步，到了例(81)，跟“潛”連用的是不表位移的動詞“伏”，此例是要求三個長鬣者長久地埋伏在船邊。其中的“潛伏于舟側”，只能理解爲[在船邊隱密地趴着]，而非[隱密地趴到船邊]。相應地，該例中的“潛”其實已經虚化爲方式副詞，不再能直接作謂語。

當上述方式類位移動詞用於表達致移事件時，表達的自然還是位移方式。比較：

(82) a. 於窴之西，則水皆西流，注西海；其東水東流，注鹽澤。(《史記·大宛列傳》)

b. 禹疏九河，瀹濟、漯而注諸海，决汝漢，排淮泗而注之江，然後中國可得而食也。(《孟子·滕文公上》)

(83) a. 用亂之故，民卒流亡。(《左傳·昭公二十六年》)

b. 王不聽，於是國莫敢出言，三年，乃流王於彘。(《國語·周語上》)

(84) a. 汝逢疾風淋雨，漂入漳、河，東流至海，氾濫無所止。(《戰國策·趙策一》)

b. 韓、魏向率，興兵甚衆，即可所將之不能半之，而與戰之於伊闕，大破二國之軍，流血漂鹵，斬首二十四萬。(《戰國策·中山策》)

以上三組例子中，a 句爲自移用法，b 句爲致移用法。

不過，在致移事件中，除了移動方式，我們還可以見到表達了致使方式的用例。例如：

(85) 乃投璧河中，以與子犯盟。(《史記·晉世家》)

(86) 居期而生子，以爲不祥，棄之隘巷，馬牛過者皆辟不踐……(《史記·周本紀》)

(87) 覆杯水於坳堂之上，則芥爲之舟；置杯焉則膠，水淺而舟大也。(《莊子·逍遥游》)

(88) 不重傷，不擒二毛，不推人於險，不迫人於阨，不鼓不成列。(《韓非子·外儲説左上》)

例(85)—例(88)中，同是用手部動作致使動體發生移動，但具體方式有别，故而分别選用"投""棄""覆""推"等動詞來表達。當然，也可以通過多個動詞連用來表達致移事件的致使方式。例如：

(89) 衣以文繡，食以芻叔；及其牽而入於太廟，雖欲爲孤犢，其可得乎？（《莊子・列御寇》）

在例(89)所描述的致移事件中，致事通過牽拉，而使動體牛進入太廟。

在致移事件中，我們也可以見到有些用例表達了位移結束後動體的存在方式。例如：

(90) 齊器設於寧臺，大吕陳於元英，故鼎反乎曆室，薊丘之植植於汶篁，自五伯已來，功未有及先王者也。（《史記・樂毅列傳》）

(91) 穰苴對曰："夫布薦席，陳簠簋者，有人，臣不敢與焉。"（《晏子春秋・内篇雜上》）

在上述例子中，"陳"表明動體是以一定秩序整齊地擺開在終點位置，"植"則表明動體以直立的方式存在於終點位置，"布"則表明動體以舒展的方式存在於終點位置。類似的動詞還有"寘、列、居、棲、坐、立"等。上述這些動詞在自動用法中都能表達動體的存在方式(或姿態)，故而在使動用法中能表達動體位移後在終點位置的存在方式。需要説明的是，嚴格意義上講，這些動詞的使動用法，實際上只是表明動體以某種方式存在於某個位置；該位置大多數情況下就是某一位移的終點，但也有例外。比較：

(92) 齊王問吏曰："哭國之法若何？"吏曰："斮。"王曰："行法。"吏陳斧質於東閭，不欲殺之，而欲去之。（《吕氏春秋・貴直》）

(93) 冬，楚子伐鄭以救齊，門于東門，次于棘澤。諸侯還救鄭。晉侯使張骼、輔躒致楚師，求御于鄭。鄭人卜宛射犬，吉。子大叔戒之曰："大國之人不可與也。"對曰：

"無有衆寡,其上一也。"大叔曰:"不然。部婁無松柏。"二子在幄,坐射犬于外;既食,而後食之。(《左傳·襄公二十四年》)

在例(92)所述致使事件中,官吏接到齊王的命令之後,方在東閭擺下斧質。因此,斧質由其他位置移到了東閭,並以整齊的方式存在於東閭。簡言之,動體的位置和存在方式都有所改變。而在例(93)所述致使事件中,晉人張骼、輔躒(二子)只是讓處在營帳外的鄭人射犬就地坐下。也就是説,動體只是改變了存在方式(由不坐變爲坐),而並没有改變位置(仍是處於營帳外)。因此,上述2例在句法上都採用了"V+N+PN"格式,語義上都表達了動體存在方式的改變,區別僅在於前者還表達了動體位置的改變。如果要統一解釋上述兩個句子,只能認爲由"陳、坐"等構成的使動小句,實際上只表達了致在事件,即表達了致使動體以某狀態存在於某位置的語義,至於該事件中動體是否發生位置移動,則需要根據語境來推導。

第四節 路徑的句法實現

如上章所述,我們所謂的[路徑]由[指示]、[構象]、[方嚮]和[向量]四種語義成分組成,這四種語義成分可以視爲[路徑]的四種可選參數,有的路徑動詞只編碼了其中一種,有的則在多個參數上都有語義規定。這裏進一步討論[路徑]語義成分的句法實現。

一、指示的句法實現

在小句或句子層面,要表達位移事件的[指示],有兩種手段:一是動用"來、往"等詞化了[指示]的位移動詞,讓其實現爲謂語;

二是動用"此、彼"等指示代詞[①],讓其標識背景跟説話者的位置關係。兩者相比,前者是常用手段。例如:

(94) a. 王使召之曰:"來,吾免而父。"(《左傳·昭公二十年》)

b. 越人必來襲我,王雖悔之,其猶有及乎?(《國語·吴語》)

(95) a. 公曰:"吾將略地焉。"遂往,陳魚而觀之,僖伯稱疾不從。(《左傳·哀公五年》)

b. 謳乎,其已乎苞乎,其往歸田成子乎!(《韓非子·外儲説右上》)

(96) 吾來救鄭,楚師去我,吾遂至於此,是遷戮也。(《左傳·成公六年》)

(97) 逝將去女,適彼樂土。(《詩·魏風·碩鼠》)

例(94)和例(95)均是運用位移動詞("來、往")來表達[指示],其中a句"來、往"獨立作謂語,b句"來、往"和其他動詞("襲、歸")連用,共同作謂語。例(96)和例(97)没有動用"來、往"之類的位移動詞,但通過運用"此、彼"等指示代詞,同樣標明了終點背景跟説話者的位置關係:前者的終點靠近説話者位置,後者的終點(即樂土)遠離説話者位置。具體來看,例(96)中的"此"由介詞引入,作"至"的右側旁語;例(97)中的"彼"以修飾語身份先和"樂土"構成名詞性短語,然後整個短語直接作"適"的賓語。當然,偶爾我們還可以見到一個句子中兩種手段並用的例子,例如:

(98) 曰,吾來此也,非以狄爲榮,可以成事也。(《國語·晉

① 上古漢語中有個代詞"焉",其功能相當於一個介詞短語。有些學者將之視爲近指代詞。我們則認爲該代詞只是個指代處所的代詞,不具體規定所指代處所跟説者的相對位置。證據是,"焉"既能跟"往"組合構成"往焉",又能跟"來"組合構成"來焉",例如《國語·魯語下》:"康子往焉,闖門與之言,皆不踰閾。"《管子·任法》:"富人用金玉事主而來焉,主離法而聽之,此所謂富而禄之也。"這説明該代詞在語義上能跟兩種相互對立的[指示]兼容,也就意味着它本身不是指示代詞。

語四》)

(99) 摯仲氏任,自彼殷商,來嫁于周,曰嬪于京。(《詩·大雅·大明》)

例(98)中,"來"和"此"均表明動體位移的終點即説話者所在的位置;例(99)中,"彼"表明位移起點殷商是遠離説話者的位置,"來"表明位移終點"周"即説話者所在的位置。上述這種[指示]的雙重標記法在上古漢語中之所以不大常用,主要有兩個原因:一是"來、往"本身極少跟終點背景賓語(或旁語)在句中同現;二是"彼、此"句中主要是作主語和定語,較少作賓語。

二、構象的句法實現

在句子層面,要表達位移事件的[構象],也有兩種手段:一是動用"出、入"等詞化了[構象]的位移動詞作謂語;二是動用方位詞[①](L)來標記背景,整個實現爲賓語或右側旁語,形成"V(+P)+N+L"格式。例如:

(100) 客出,惠子見。(《莊子·則陽》)

(101) 遂入大宫,負鷄次之典以浮於江,逃於雲夢之中。(《戰國策·楚策一》)

(102) a. 夏四月,葬楚康王,公及陳侯、鄭伯、許男送葬,至於西門之外,諸侯之大夫皆至于墓。(《左傳·襄公二十九年》)

① 方位詞是專門表達實體間空間位置關係的詞類。上古漢語的方位詞主要有:東(方)、西(方)、南(方)、北(方)、東北、西北、東南、西南、上、下、左、右、前、後、側、旁、外、表、中、内。它們雖然可以表達動態的位置關係,但更基本的用法還是表達静態的位置關係,例如《左傳·哀公二十六年》:"得夢啓北首而寢於盧門之外,己爲烏而集於其上,咮加於南門,尾加於桐門。"該例"北"表達的是啓頭的静態朝向,"外"表達的是啓和盧門的静態位置關係,"上"表達的是烏(由得變成)和啓的静態位置關係。

b. 乃下求之，至於澤畔，方將杖拏而引其船，顧見孔子，還鄉而立。(《莊子・漁夫》)

c. 於是明日將盟，莊公與曹翽皆懷劍至於壇上。(《吕氏春秋・貴信》)

d. 虢太子死，扁鵲至虢宫門下……(《史記・扁鵲倉公列傳》)

例(100)只用位移動詞"出"來標明位移時動體跟起點背景(據上文爲魏廷)是包含關係。例(101)中"入大宫"只用位移動詞"入"來標明位移時動體跟終點背景大宫是包含關係;"逃於雲夢之中"則使用方位詞"中"來標明位移時動體跟終點背景雲夢是包含關係;"浮於江"則既未使用詞化[構象]的位移動詞,也未使用方位詞,所以没有明言動體跟背景江的構象關係,而我們之所以能解讀出動體處於背景上面的構象關係,是因爲我們動用了語境以及相關經驗。例(102)的一組例子中,謂語動用的都是没有詞化[構象]的位移動詞"至",但在是否動用方位詞以及動用何種方位詞上有差異:a 句的"至于墓",没有進一步動用方位詞,所以没有明言動體和終點背景的具體構象;a 句的"至於西門之外"動用了方位詞"外",標明動體是在終點背景外面;b 句"畔"標明動體是在終點背景邊側;c 句"上"標明動體是在終點背景上面;d 句"下"標明動體是在終點背景下面。有時,背景是已知信息,這時可以省略指稱該背景的名詞性成分,從而形成"V(+P)+L"格式。例如:

(103) 食魚無反,毋盡民力乎?勿乘駑馬,則無置不肖於側乎?(《晏子春秋・内篇雜上》)

跟[指示]一樣,[構象]有時也可以同時動用上述兩種手段,從而形成雙重標記格局。例如:

(104) 丑父寢於轏中,蛇出於其下,以肱擊之,傷而匿之,故

不能推車而及。(《左傳・成公二年》)

(105) 龔王駕而往視之,入幄中,聞酒臭而還,曰:……(《吕氏春秋・權勋》)

(106) 二世入内,謂曰:……(《史記・秦始皇本紀》)

其實,雙重標記格局有時有一定程度的語義羨餘,如上述例(105)和例(106)。這一點在下面這組例子中表現得尤爲明顯,比較:

(107) 武王渡河,中流,白魚躍入王舟中,武王俯取以祭。(《史記・周本紀》)

(108) 非魚聞武王之德而入其舟,烏知周家當起集於王屋也。(《論衡・指瑞》)

例(107)並用動詞"入"和"中"來標明動體魚和終點背景舟的包含構象,而同樣的構象關係在例(108)中却單用"入"就已經足以標明。

需要稍作討論的是,方位詞的隱現是否跟介詞的隱現有關。有些學者(如李崇興,1992)提出,上古漢語後期,介詞"于、於、乎"的衰微主要是因爲方位詞的大量使用。對此,我們不準備作全盤討論,只想就位移事件的表達來檢測下這一論斷的真實性或適用性。爲此,我們選取了"入、至、奔、出"4 個高頻動詞,這 4 個動詞後面既可以跟背景賓語,又可以跟背景旁語。統計結果如下:

表 3-3　上古傳世文獻中的"Vm+(P)N"和"Vm+(P)N+L"(單位:例)

	V_m+N	V_m+PN	V_m+N+L	V_m+PN+L
V_m=奔	440	21	2	0
V_m=至	915	268	36	16
V_m=入	846	209	39	2
V_m=出	349	104	13	9

説明:1. 本表只統計以上動詞單用作謂語或連用作謂語時處於後位的用例。其中,"奔、至、入"只統計帶終點背景和經點背景的用例;"出"只統計帶起點背景和經點背景的用例。2. "V_m+(P)N+L"中包括"入中、入於中"之類N省略的用例。

從上表來看,“V_m＋PN＋L”是一個相當弱勢的格式,因而説它能衍生出“V_m＋N”這樣高頻的格式着實很難令人信服。進一步看,不單是“V_m＋PN＋L”,另一個出現方位詞的格式“V_m＋N＋L”也不是很常見。對比“V_m＋(P)N”和“V_m＋(P)N＋L”,不出現方位詞的用例數和出現方位詞的用例數分别爲 3152 例和 117 例,前者大約是後者的 27 倍。因此,就這 4 個動詞而言,它們在不怎麽動用方位詞的大背景下,同樣也可以直接帶背景賓語構成大量“V_m＋N”格式的用例(共 2550 例)。如此看來,方位詞出現與否跟介詞的隱現没有什麽必然聯繫。

具體來看,“入、奔、出”在上古初期就已經有大量直接帶背景賓語的用例,而與此同時使用方位詞的用例却寥寥無幾。比較:

表 3－4　上古前期傳世文獻中的“V_m＋(P)N”和“V_m＋(P)N＋L”(單位:例)

	V_m＋N	V_m＋PN	V_m＋N＋L	V_m＋PN＋L
V_m＝奔	257	5	0	0
V_m＝入	149	100	0	1
V_m＝出	19	22	1	4

説明:上古前期傳世文獻包括《左傳》《國語》《論語》和《墨子》。

“至”在上古早期以帶背景旁語爲主,後來逐漸變爲帶背景賓語爲主,而在整個過程中使用方位詞的用例也一直都不大多。比較:

表 3－5　上古傳世文獻中的“至＋(P)N”和“至＋(P)N＋L”(單位:例)

	至＋N	至＋PN	至＋N＋L	至＋PN＋L
上古前期	7	80	0	4
上古中後期	908	186	36	11

説明:1. 上古早期傳世文獻包括《左傳》《國語》《論語》和《墨子》。2. 上古中後期傳世文獻包括《孟子》《莊子》《晏子春秋》《荀子》《韓非子》《吕氏春秋》《戰國策》和《史記》。

綜上,至少就上述4個位移動詞而言,上古時期已經有大量直接帶背景賓語的用例,而大量使用方位詞來標明動體和背景的構象關係則是中古時期的事情。換句話説,就位移事件的表達而言,是先有介詞“于、於、乎”的脱落,爾後才有方位詞的大量運用,至於方位詞在某些位移句中的强制使用則是更晚的事情了。

三、方嚮的句法實現

在句子層面,要表達位移事件的[方嚮],也有兩種手段:一是動用“登、升、降、墜、前、進、退、却、東、西、南、北”等詞化了[方嚮]的位移動詞作謂語,二是動用方位詞,讓其實現爲左側旁語(狀語)。當然有時候,兩種手段也可以並用。例如:

(109) 由也升堂矣,未入於室也。(《論語·先進》)

(110) 地氣上躋,天氣下降,陰陽相摩,天地相蕩。(《史記·樂書》)

(111) 數使使趣齊兵,欲與俱西。(《史記·項羽本紀》)

(112) 於是天子遂東,始立后土祠汾陰脽上,如寬舒等議。(《史記·孝武本紀》)

(113) 假之有人而欲南無多,而惡北無寡,豈爲夫南之不可盡也,離南行而北走也哉!(《荀子·正名》)

(114) 上遂郊雍,至隴西,西登崆峒,幸甘泉。(《史記·封禪書》)

例(109)—例(112)均只動用方嚮動詞,其中例(110)兩個小句的謂語均是兩個同向動詞的連用。例(113)中位移方嚮由方位詞“南、北”標明,而“行、走”則是没有詞化[方嚮]的位移動詞。例(114)的“西登崆峒”實際上表達的是一個複合位移事件,該事件包含兩個子事件:一個是水平位移事件,方嚮由方位詞“西”標明,其終點就在崆峒山附近;另一個是垂直位移事件,方嚮由動詞

“登”標明，其終點就是崆峒山。

需要指出的是，由方位詞派生出的動詞，[①]除了可以用於表達自移用法，如例(111)和例(112)，還可以用於表達致移用法。比較：

(115) 然而驅之不前，却之不止，左之不左，右之不右，則臧獲雖賤，不托其足。(《韓非子·外儲説右上》)

(116) 齊侯執陽虎，將東之。陽虎願東，乃囚諸西鄙。(《左傳·定公九年》)

例(115)“驅之不前，却之不止，左之不左，右之不右”中的“之”指馬，“左之、右之”中的“左、右”是致移用法，使馬向左或向右移動的意思；“不左、不右”是自移用法，馬不向左或向右移動的意思。同樣，例(116)“東之”是致移用法，是使陽虎向東移動，“願東”是自移用法，是陽虎自身願意東行。

在上述兩種標明位移事件[方嚮]的手段中，動用方嚮動詞無疑是更基本、更常用的方式。在上古漢語中，方嚮動詞不僅數量很多，而且其中不乏高頻常用詞。這些動詞的存在價值，主要就是爲了標明位移方嚮。相比之下，方位詞不僅數量有限，而且其主要功能是標明位置關係，而不是位移方嚮；反映在句法上，方位詞主要是作名詞前定語或名詞後中心語，作狀語不僅用例要少得多，而且其所修飾的謂語有一部分並非位移動詞。我們不妨取作

① 甲骨文中已經萌生了由方位詞派生出的動詞用法，例如(甘露，2001:39)：

王占曰：吉，勿左。(《合集》2496)

辛丑卜，王勿西。(《合集》5343)

……貞，王南。(《合集》5369)

庚寅余卜，我東。(《合集》21605)

而根據張静(2005:10)對《周禮》《左傳》《國語》《墨子》《商君書》《孟子》《莊子》《荀子》《吕氏春秋》《韓非子》《山海經·山經》的統計，“東”“西”“南”“北”的動詞用例分别有 324 例、217 例、238 例和 246 例。這個絶對數字已經不小，足以説明方位詞的動詞用法在上古傳世文獻中已非語用層面的臨時活用，而是固定下來的獨立義位。

狀語能力最强的方位詞"東、西、南、北"來説明這個問題。《史記》中"東"雖有1100例左右,可作狀語327例,而其中謂語爲位移動詞者僅152例,大約占總用例數的14%;"西"雖有900例左右,可作狀語只273例,而其中謂語爲位移動詞者僅122例,大約占總用例數的13.6%;"南"雖有1000例左右,可作狀語只185例,而其中謂語爲位移動詞者僅75例,大約占總用例數的7.5%;"北"雖有700例左右,可作狀語只229例,而其中謂語爲位移動詞者僅97例,大約占總用例數的13.9%。從歷時角度看,"方位詞$+V_m$"也很不受青睞,逐漸讓位於"介詞+方位詞$+V_m$"格式。這是因爲方位詞直接作狀語能力總體上一直都呈衰減趨勢,馬小成等(2008)的以下統計可以説明這個問題:

表3-6 零標記方位詞狀語和介詞標記方位詞狀語的比較(單位:例)

	零標記方位詞狀語	介詞標記方位詞狀語	比值(%)
先秦	1105	42	26.31
六朝	562	47	11.96
隋唐	120	497	0.24
宋元	417	1196	0.35

説明:1. 先秦語料包括十三經、諸子、《國語》和《戰國策》;六朝語料包括《世説新語》《文心雕龍》《百喻經》和《高僧傳》;隋唐語料包括《敦煌變文》《祖堂集》和唐傳奇;宋元語料包括《夢溪筆談》《朱子語類》《元刊雜劇三十種》《大宋宣和遺事》和元曲;2. "比值"這列爲筆者所加。

四、向量的句法實現

在句法層面,要表達位移事件的[向量],也有兩種詞彙可以動用:一是"至、入、出、去、逃、離、度、經、涉、遵、循"等詞化了[向量]的位移動詞,二是"自、從、由"等標明[向量]具體類型的介詞。至於介詞"于、於、乎",我們將之分析爲處所格標記,下文將會論證它們只是標明處所而已，跟[向量]這個參數没有關係。下面具體討論三個相關的問題。

(一) 自、從、由

這三個介詞都不能編碼[到達]向量，其中“自”起初只能編碼[離開]向量(如例 117a)，後來發展出了編碼[經過]向量的功能，如例(117b)；“從、由”則起初只能編碼[經過]向量，如例(118a)和例(119a)，後來發展出編碼[離開]向量的功能，如例(118b)和例(119b)。[①] 例如：

(117) a. **出**自幽谷，遷于喬木。(《詩・小雅・伐木》)

b. 公徒將殺昭子，伏諸道。左師展告公。公使昭子自鑄**歸**。(《左傳・昭公二十五年》)

(118) a. 單子從阪道，劉子從尹道**伐**尹。(《左傳・昭公二十三年》)

b. 上客從趙**來**，趙事如何？(《戰國策・秦策》)

(119) a. 太史秉書，由賓階**隮**。(《尚書・顧命》)

b. 孟子居鄒，季任爲任處守，以幣交，受之而不報。處於平陸，儲子爲相，以幣交，受之而不報。他日由鄒**之**任，見季子，由平陸**之**齊，不見儲子。(《孟子・告子下》)

[經過]和[離開]向量共有同一介詞標記，説明兩者之間關係

---

① 有些學者(馬貝加，2002：32—34；張赬，2002：8—10；史冬青，2009：25—27)認爲“自、從”有標識動作發生處所(即所在)的功能，例如《左傳・宣公二年》：“晉靈公不君。厚斂以彫牆，從臺上彈人，而觀其辟丸也。”《宣公十年》：“公出，自其廄射而殺之。”《昭公元年》：“女自房觀之。”《史記・項羽本紀》：“諸將皆從壁上觀。”對此，我們的看法有所不同。在上述例子中，不管是彈人、射人還是觀看動作，它們雖然不導致施事本身的位置改變，但相關的動體(所彈之丸、所射之箭、所發出之視綫)却發生了位移，而“自”正是爲了標明這些動體位移的起點。如此看來，上述例句實際上表達的是致移事件，所謂施事確切説是致移事件的致事。

密切，很容易發生轉化。比較：

(120) 冬，楚子伐鄭以救齊，門於東門，次於棘澤。……楚子自棘澤還，使薳啓彊帥師送陳無宇。（《左傳·襄公二十四年》）

(121) 邾人城翼，還，將自離姑。公孫鉏曰："魯將御我。"欲自武城還，循山而南。徐鉏、丘弱、茅地曰："道下，遇雨，將不出，是不歸也。"遂自離姑。武城人塞其前，斷其後之木而弗殊，邾師過之，乃推而蹷之，遂取邾師，獲鉏、弱、地。（《左傳·昭公二十三年》）

例(120)中，動體楚王發動位移動作[還]之前，就處在棘澤。而例(121)動體邾人在發動位移動作[還]之前處在翼，而非離姑和武城。因此，我們如果以公孫鉏等説話時爲時間參照點，以當時所處的地點翼爲空間參照點，那麽就會將離姑和武城識解成位移的經點背景（或者是從中經過，或者是從邊上繞過）；如果我們將參照地點改爲離姑和武城，那麽這兩者就還可以識解爲位移的起點背景。造成不同識解的原因在於，説話者是以説話時間和所在位置爲敘述參照點，還是先設定將要發生的事件，然後以此事件的起始時間和處所爲敘述參照點。同樣，例(119b)的兩個"由"之所以被識解成標識[離開]，是因爲説話者敘述時分别是以孟子處在鄒和平陸時爲時間參照點，以鄒和平陸爲空間參照點。總而言之，如果敘述時所選的空間參照點和所敘述位移事件的起始背景一致，那麽"自、由、從"就會被識解爲詞化了[離開]向量，否則就會被識解爲詞化了[經過]向量。①

① [離開]和[經過]向量共用同一介詞的現象在近代漢語中也有體現，例如《金瓶梅詞話》第 40 回："到次日，西門慶打廟裏來家。"辛棄疾《鷓鴣天·戲題村舍》："新柳樹，舊沙洲，去年溪打那邊流。"《二刻拍案驚奇》卷 11："有個大官人打從京中出來的。"《張協狀元》："打從湖州過，鏡兒買面與婆搽粉。"

從用例數來看,"自"在甲骨文中就已經有200個用例(據楊逢彬,2003:278—337),並且在上古傳世文獻中一直有很高的使用頻次,單就引介空間起點的用例而言,僅在《左傳》一書中就有237例(據史冬青,2009:149)。相比之下,"由""從"雖然在甲骨文和西周金文中已出現,但前者使用頻次一直都不高,且多出現在"由是""由此"之類固定格式中,後者則要到上古末期文獻中才有比較多的用例。根據史冬青(2009:79、110),"由""從"在上古12部傳世文獻的用例分布如下:

表3-7　介詞"由""從"在上古12部傳世文獻中的用例分布(單位:例)

	詩	左	國	論	孟	莊	荀	韓	吕	策	禮	史
由	1	21	7	0	13	17	14	11	27	14	45	51
從	1	8	1	3	3	3	6	25	37	36	4	220

説明:1. 本表是對史文兩個獨立表格的整合結果。2. 各文獻的排列順序有所調整。3.《禮》是《禮記》的簡稱。

從句法配位上看,在表達位移事件時,"從"字短語和"由"字短語以實現爲左側旁語爲主,而"自"字短語則經歷了一個歷時的語序調整過程:早期以右置爲主,後來逐漸左移(前移),至迟在戰國中期已經變爲以左置爲主。在西周金文中,"自+處所賓語"左置和右置的用例數分别爲3例和13例(潘玉坤,2005:85、96、111);而《左傳》中,兩者的用例數分别爲109例和72例,《史記》中兩者的用例數分别爲85例和10例(張赬,2002:34)。張赬認爲"自+處所賓語"的左移,跟受其修飾成分(VP)的複雜程度有關,如果中心語不是光杆單音節動詞,就傾向於左置。① 爲此,她對《左傳》中的"自+處所賓語"作了如下統計:

① 就"自"而言,劉麗川、張衛東(1987)已經發現左置"自"字短語的謂語一般較爲複雜。

表 3－8　《左傳》中"自＋處所賓語"的句法位置(單位:例)

	VP 爲光杆單音詞	VP 爲非單音結構	VP 帶賓語	VP 帶補語
左置	29	10	51	19
右置	71	1	0	0

從上表來看,《左傳》中"自"字句有 81 例中心語不是光杆單音節動詞,其中 80 例左置,右置僅 1 例。張氏的觀點能很好地解釋這一語言現象。不過,我們也注意到,同樣是光杆動詞作中心語,《左傳》中有 29 例是左置,71 例是後置。這一現象顯然無法再用中心語的複雜程度來解釋。對此,殷國光(2008:338—343)有個解釋,他認爲"自＋處所賓語"的前移是受時間臨摹原則的驅動,具體分成兩個階段:先發生前移的是 V 後同時還出現終點背景短語的用例,爾後通過類推才擴展到其他用例。《左傳》中"至、返"帶"自"字短語的用例情況支持殷説。

在上古傳世文獻中,"從"字短語和"由"字短語左置是常式。右置是變式,分别只見 1 例和 2 例[①],例如:

(122) <u>抵</u>蜀從故道。故道多阪,回遠。今穿褒斜道,少阪,近四百里;而褒水通沔,斜水通渭,皆可以行船漕。[②](《史記·河渠書》)

(123) 有若之喪,悼公吊焉,子游<u>擯</u>,由左。(《禮記·檀弓下》)

(124) 客使<u>自</u>下,由路西。(《禮記·雜記上》)

例(124)鄭玄注:"自,率也。下,謂馬也。"根據上下文來看,説話者臨時採取右置式都是出於凸顯所經由路綫的語用動機。例(122)中是爲了對比説明行從故道和穿過褒斜二水這兩種位移路綫的優劣,前者迂遠,後者迅捷。例(123)和例(124)都出於《禮

① 據張禎(2002:34)和史冬青(2009:119)的調查結果。

② 按,褒、斜,均爲水名。

記》,都是旨在突出在某些特殊場合中位移動作所應採取的經由路綫。拿例(123)來説,鄭玄注云:"喪禮廢亡,時人以爲此儀當如詔辭而皆由右相,是善子游正之。"據此來看,叙述者採用"子游擯,由左"的表達策略,是爲了着重點明:在喪禮中,此儀式中的擯者,應該採取的是由左,不能採取跟詔辭等其他場合中的由右。①

(二) 動詞向量類型對其句法表現的影響

對於位移動詞來説,[向量]是可有語義成分。"步、奔、走、飛、游、泳、馳"等方式動詞以及"登、上、降、落、前、進、退、却"等路徑動詞,都没有詞化這一語義成分,因爲我們理解這些動詞所表的位移動作,並不一定要知道它們的起點、經點或終點。而詞化了[向量]的路徑動詞具體又可分爲三類:"如、適、之、至、入、歸、來"等具體詞化了[到達]這一向量,終點背景是其必有語義角色;"去、離、出、逸、逃"等具體詞化了[離開]這一向量,起點背景是其必有語義角色;"過、經、度、歷、涉、踰、遵、順、循"等具體詞化了[經過]這一向量,經點背景是其必有語義角色。顯然,單就路徑動詞而言,也有部分没有詞化[向量];因此,我們不贊成黄錦章(2008)將所有路徑動詞按照向量進行分類的做法。

現在我們要着重討論的是,不同向量類型的動詞,是否具有不同的句法表現;如果有,具體又有哪些差異;這些差異又當如何解釋。

首先來看"V_m+N"格式。對於詞化了[向量]的位移動詞來説,N所表背景的類型基本由該動詞的向量類型來決定,即若V_m

① 《禮記》中對於位移動作路綫的規定性在下例中表現得尤爲明顯,《王制》:"男子由右,婦人由左,車從中央。父之齒隨行,兄之齒雁行,朋友不相逾。"該例嚴格區分了不同場合中不同身份者在路上的行走路綫。可惜,根據上下文來看,其中的"由右""由左""從中央"除了理解爲"行由右""行由左""行從中央"前面省略了謂語動詞,也可以理解爲"由右行""由左行""從中央行"後面省略了謂語動詞。故而,該例無法作爲"由"字短語和"從"字短語的右置例來討論,只能附記於此。

詞化了［離開］，則N所表背景一般爲起點背景；若 V_m 詞化了［經過］，則N所表背景一般爲經點背景；若 V_m 詞化了［到達］，則N所表背景一般爲終點背景。比較：

（125）楚子入居于申，使申叔去穀，使子玉去宋。（《左傳·僖公二十八年》）

（126）秋，楚客聘於晉，過宋。（《左傳·襄公二十六年》）

（127）公至宋，道稱疾而毋行，使人謂齊王曰：……（《戰國策·魏策一》）

同樣都是帶賓語"宋"，其所指背景類型視位移動詞的向量類型而定："去宋"的"宋"表達的是起點背景，"過宋"的"宋"表達的是經點背景，"至宋"的"宋"表達的是終點背景。反過來看，詞化［經過］的 V_m，未見帶起點背景賓語和終點背景賓語的用例；詞化［到達］的 V_m 也未見帶起點背景賓語和經點背景賓語的用例。但是，詞化［離開］的 V_m 有些特別，它們有時可以帶終點背景賓語。例如：

（128）予方將與造物者爲人，厭則又乘夫莽眇之鳥，以出六極之外，而游無何有之鄉，以處壙埌之野。（《莊子·應帝王》）

（129）姜原出野，見巨人跡，心忻然説，欲踐之，踐之而身動如孕者。（《史記·周本紀》）

（130）范蠡浮海出齊，變姓名，自謂鴟夷子皮，耕於海畔，苦身戮力，父子治産。居無幾何，致産數十萬。齊人聞其賢，以爲相。（《史記·越王勾踐世家》）

固然，絶大多數"出＋N"所表達的意思相當於"自N而出"。但上述例子中的"出＋N"所表達的意思却相當於"出至N"：例（128）整個短語表達的是從六合之内到六合之外的位移；例（129）是説姜原到了野外，然後見到了巨人的脚印；例（130）是説范蠡乘船來到齊國,後來齊人聽説了他的賢明,讓他當了國相。“逃”的情况與“出”一樣,有時也可以帶終點背景賓語(例 131),比較[①]:

(131) 伍子胥逃楚而之吴,果與伯舉之戰,而報其父之讎。(《戰國策・燕策二》)

(132) 居二年,二弟出走,公子夏逃楚,公子尾走晉。(《韓非子・外儲説右上》)

對於没有詞化[向量]的位移動詞來説,“V_m+N”中 N 的語義類型有三種可能,或者是位移發生的處所,或者是位移的起點,或者是位移的終點(這種用例最多)。[②] 比較:

(133) a. 景公登路寢之臺,不能終,而息乎陛,忿然而作色,不説,曰:“孰爲高臺,病人之甚也?”(《晏子春秋・内篇諫下》)

b. 高帝以陳平計,天子巡狩會諸侯,南方有雲夢,發使告諸侯會陳:“吾將游雲夢。”實欲襲信,信弗知。(《史記・淮陰侯列傳》)

(134) 宓子賤治單父,彈鳴琴,身不下堂而單父治。(《吕氏春秋・察賢》)

(135) a. 景公出獵,上山見虎,下澤見蛇。(《晏子春秋・内篇諫下》)

b. 楚子登巢車,以望晉軍。(《左傳・成公十六年》)

c. 向魋奔衞。(《左傳・哀公十四年》)

d. 二子聞之,恐,重耳走蒲,夷吾走屈,保其城,自備

---

① 在有些詞典中,帶起點背景賓語和終點背景賓語的“出”“逃”被强行分爲兩個義項(比如,《漢語大詞典》爲帶終點背景賓語的“出”單列了“去、到”這一義項)。我們主張儘量維護詞的同一性,從詞義中剔除隨語境而變動的言語意義。

② 上古傳世文獻中,没有詞化[向量]的位移動詞没有見到帶經點背景賓語的用例;而在現代漢語中,我們則可以見到這樣的用例,如“走小路”“走水路”等。

守。(《史記・晉世家》)

e. 天下之西鄉而**馳**秦,入朝爲臣之日不久。(《戰國策・魏策三》)

例(133a)中明言"不能終",故而"路寢之臺"表達的不是上移的終點,而是發生的處所;例(133b)"游雲夢"是説在雲夢游玩,而非游玩到雲夢的意思。例(134)的"堂"表達的是下移的起點。例(135a)的"澤"和"山"以及例(135d)的"蒲"和"屈"表達的都是位移的終點。具體來看,"上、走、奔、馳"只見帶終點背景賓語的用例,"登"既可以帶終點背景賓語,也可以帶在點背景賓語;"下"以帶起點背景賓語爲主,但也可以帶終點背景賓語;"游"以帶在點背景賓語爲主,但也可以帶終點背景賓語。

再看"V_m+P+N"格式。一個明顯的事實是:當介詞爲"自、從、由"時,N 的語義類型只可能是起點背景或終點背景,完全跟介詞標記的向量類型一致;而當介詞爲"于、於、乎"時,N 的語義類型跟 V_m 的向量類型大體一致,但語境因素的影響也不可忽視。從這一差異來看,介詞"自、從、由"的確是向量標記,而介詞"于、於、乎"則跟向量這一語義參數無關。比較[①]:

(136) a. 公**至**自晉。(《左傳・成公十八年》)

b. 九月丁卯,晉荀吴帥師**涉**自棘津,使祭史先用牲于雒。(《左傳・昭公十七年》)

c. 后緡方娠,逃**出**自竇,歸於有仍,生少康焉。(《左傳・哀公元年》)

(137) 今子蓬蓬然**起**於北海,蓬蓬然**入**於南海,而似無有,何也?(《莊子・秋水》)

(138) a. 登鐵上,望見鄭師衆,大子懼,自**投**于車下。(《左

① 例(138a)和例(138b)引自何樂士(2004:96)。

傳·哀公二年》)

b. 弗得,滋怒,自投於牀,廢於鑪炭,爛,遂卒。(《左傳·定公三年》)

(139) a. 乃掀公以出於淖。(《左傳·成公十六年》)

b. 向魋出於衛地,公文氏攻之,求夏后氏之璜焉。(《左傳·哀公十四年》)

例(136)中,位移動詞“至”“涉”“(逃)出”分别詞化了[到達]、[經過]、[離開]三種不同的向量,但其後面用介詞“自”引入句中的均爲起點背景。例(137)的兩個小句均用“於”引入背景,前者“起”編碼了[離開],北海爲起點背景,後者“入”編碼了[到達],南海爲終點背景。例(138)的“投”編碼了[到達],其後面由“于、於、乎”引介的背景絶大多數是終點背景,只有 1 例是起點背景,即例(138b)。例(139)的“出”編碼了[離開],其後面由“于、於、乎”引介的背景絶大多數(有 200 多例)是起點背景,但有時是終點背景。在上古傳世文獻中,“出＋$PN_{終}$”的用例除上引例(139b)之外,我們還找到了如下 5 例:

(140) 過衛,衛文公不禮焉。出於五鹿,乞食於野人,野人與之塊。(《左傳·僖公二十三年》)

(141) 今王發政施仁,使天下仕者皆欲立於王之朝,耕者皆欲耕於王之野,商賈皆欲藏於王之市,行旅皆欲出於王之涂,天下之欲疾其君者,皆欲赴愬於王。(《孟子·梁惠王上》)

(142) 仲尼適楚,出於林中,見痀僂者承蜩,猶掇之也。(《莊子·達生》)

(143) 若是,則兵不復出於塞外,而令行於天下矣。(《荀子·彊國》)

(144) 王子於期爲趙簡主取道争千里之表,其始發也,彘伏

溝中，王子於期齊轡策而進之，彘突出於溝中，馬驚駕敗。(《韓非子·外儲説右下》)

對於没有編碼[向量]位移動詞來説，"V_m＋于/於/乎＋N"中N所表背景的語義類型因動詞而異，同時跟具體語境也有關係。對此，我們作了如下一個統計：

表3－9 上古傳世文獻中的"V_m＋于/於/乎＋N"(單位：例)

	"V_m＋于/於/乎＋N"中N所表背景的語義類型			
	起點背景	經點背景	終點背景	在點背景
V_m＝浮	0	0	0	25
V_m＝奔	0	0	20	0
V_m＝登	0	0	6	1
V_m＝降	1	0	5	0
V_m＝墜	1	0	3	0

例如：

(145) 遂乘輕舟以浮於五湖，莫知其所終極。(《國語·越語下》)

(146) 三桓攻公，公奔于衛，去如鄒，遂如越。(《史記·魯周公世家》)

(147) a. 吴王浮於江，登乎狙之山。(《莊子·徐無鬼》)
b. 紂走，反入登于鹿臺之上，蒙衣其殊玉，自燔于火而死。(《史記·周本紀》)

(148) a. 秋七月，有神降于莘。(《左傳·莊公三十二年》)
b. 龜甚神靈，降于上天，陷於深淵。(《史記·龜策列傳》)

(149) a. 公以戈擊之，首隊於前，跪而戴之，奉之以走，見梗陽之巫皋。(《左傳·襄公十八年》)

b. 公懼，隊于車。(《左傳・莊公八年》)

從上表我們可以看出，"浮＋于/於/乎＋N"中的 N 均表達的是在點背景。由此來看，對於浮動場景，說話者將之構建爲一般的動作事件，而非突出位置變動的位移事件。而"奔＋于/於/乎＋N"中的 N 均表達的是終點背景。由此來看，對於爲避難而展開的奔跑場景，説話者則將之構建爲位移事件，更關注的是該位移的終點，而非該位移發生的處所。而對於垂直位移場景，説話者一般還是將之構建爲位移事件（例 147a 除外），最關注的還是位移的終點，其次是起點，如例（148b）和例（149b）。

(三) "于、於、乎"是没有編碼[向量]的處所格標記

介詞"于、於、乎"的初始功能是引介處所，後來才衍生出引介時間、對象等功能。我們這兒只討論其引介處所時真正發揮了什麼作用。在上文的分析中，我們已經看到，跟介詞"自、從、由"相比，介詞"于、於、乎"對背景向量類型的標識作用微乎其微。現在，我們要進一步論證，"于、於、乎"引介處所時，可以分析爲處所格標記，它們的基本功能就是標識動作發生的處所。

首先，我們注意到，"于/於/乎＋$N_{處所}$"左置和右置有個明顯的區别：右置時，$N_{處所}$ 可能是在點、起點、經點或終點；左置時，$N_{處所}$ 只可能是在點。這意味着"于、於、乎"引介在點背景並不受語序制約，是更爲自由的功能；而引介其他三種背景類型，則受制於語序。

其次，單就"V＋于/於/乎＋$N_{處所}$"而言，$N_{處所}$ 也是以引介在點背景居多，其次才是終點、起點和經點背景。許多學者都已經指出這一點。比如，《左傳》中"于"引介在點背景 784 例，占其引進處所總數的 70%；"於"引介在點背景 386 例，占其引進處所總數的 64%（何樂士，2004：95）。《論語》中主要是使用"於"，其中引介在點背景 27 例，占其引進處所總數的 54%（黄婉梅，2006）。

根據以上兩點可以看出，"于、於、乎"引介在點背景是無標記形式。

再次，"V＋于/於/乎＋$N_{處所}$"中，$N_{處所}$的所指，到底是解讀爲終點、起點和經點，實際上由其他兩種因素決定，一是V的語義，二是句外語境。當V爲"戰、盟"等非位移動詞時，$N_{處所}$的所指很難解讀爲終點、起點和經點；當V爲"出、起"等編碼[離開]的位移動詞時，$N_{處所}$的所指絶大多數是解讀爲起點；當V爲"度、涉"等編碼[經過]的位移動詞時，$N_{處所}$的所指絶大多數解讀爲經點；而當V爲"至、入"等編碼[到達]的位移動詞時，$N_{處所}$的所指絶大多數解讀爲終點。同時，我們又可以看到同一個動詞構成的"V＋于/於/乎＋$N_{處所}$"中，$N_{處所}$的所指也會存在歧解，這又進一步説明，除了V的語義，句外語境也在起作用。由此來看，將$N_{處所}$的所指解讀爲終點、起點和經點，完全是具體語境作用的結果。

進一步來看，所謂終點、起點和經點，都可以分析爲在點和語用推理相互作用的結果。比較：

(150) a. 壬申，尹文公涉于鞏，焚東訾，弗克。(《左傳・昭公二十五年》)

b. 君其涉於江而浮於海，望之而不見其崖，愈往而不知其所窮。(《莊子・山木》)

c. 王子慶忌曰："善。"乃與要離俱涉於江。中江，拔劍以刺王子慶忌，王子慶忌捽之，投之於江，浮則又取而投之，如此者三。(《吕氏春秋・忠廉》)

"涉"雖然編碼了[向量]，但"涉＋于/於/乎＋$N_{處所}$"中$N_{處所}$的語義類型却完全視語境而定。例(150a)杜注："文公，子朝党，於巩县涉洛水也。"據此，鞏爲過水的起點，例(150b)和例(150c)都是"涉於江"，江都可以解讀爲動作發生的處所(c中"江"也可以解

讀爲經點)。又如:

(151)(五員)因如吴。過於荆,至江上,欲涉,見一丈人,刺小船,方將漁,從而請焉。丈人度之,絶江。問其名族,則不肯告,解其劍以予丈人,曰:"此千金之劍也,願獻之丈人。"丈人不肯受曰:"荆國之法,得五員者,爵執圭,禄萬檐,金千鎰。昔者子胥過,吾猶不取,今我何以子之千金劍爲乎?"五員過於吴,使人求之江上則不能得也,每食必祭之,祝曰:……(《吕氏春秋·異寶》)

"過"同樣是編碼[經過]的動詞,可"過+于/於/乎+$N_{處所}$"中$N_{處所}$的語義除了可以解讀位移的在點或經點("過於荆"中的"荆"),還可以解讀爲終點("過於吴"中的"吴")。值得注意的是,在"涉/過+于/於/乎+$N_{處所}$"中,$N_{處所}$解讀爲經點時,整個短語一般表達的是進行體。比如,例(150c)中,"涉於江"之後又言"中江",説明"涉於江"表達的是正在江上經過的意思。又如,例(151)中"過於荆"説的是正從荆楚經過的意思,只有到漁父用船將之載到江對面,才算完全過了荆楚。相比之下,"涉/過+$N_{處所}$"所表達的事件完成與否視語境而定。"涉/過+于/於/乎+$N_{處所}$"之所以解讀出進行體的意思,正是因爲"于/於/乎"有標記在點背景的作用。這跟現代漢語中介詞"在"發展出表進行體副詞"正"的機制完全一致。下面再列舉一些解讀出進行體的"涉/過/踰/濟+于/於/乎+$N_{處所}$"格式:

(152)欒盈過於周,周西鄙掠之。(《左傳·襄公二十一年》)

(153)然馬過於圃池而駙馬敗者,非芻水之利不足也,德分於圃池也。(《韓非子·外儲説右下》)

(154)昔者晉公子重耳出亡過於曹,曹君袒裼而觀之,釐負羈與叔瞻侍於前。(《韓非子·十過》)

(155) 孟賁過於河，先其五，船人怒，而以楫虓其頭，顧不知其孟賁也。(《吕氏春秋·必己》)

(156) 有過於江上者，見人方引嬰兒而欲投之江中，嬰兒啼，人問其故，曰："此其父善游。"(《吕氏春秋·察今》)

(157) 古冶子曰："吾嘗從君濟於河，黿銜左驂以入砥柱之流。"(《晏子春秋·内篇諫下》)

(158) 莊公走出，踰於外牆，射中其股，遂殺之，而立其弟景公。(《戰國策·楚策四》)

而對於"奔"，在我們的調查中，"奔＋于/於/乎＋$N_{處所}$"整個短語均表達的是完成體，而"奔＋$N_{處所}$"所表事件是否完成需要視具體語境而定。比較：

(159) a. 伍胥既至宋，宋有華氏之亂，乃與太子建俱奔於鄭。鄭人甚善之。(《史記·伍子胥列傳》)

b. 伍胥懼，乃與勝俱奔吴。到昭關，昭關欲執之。(《史記·伍子胥列傳》)

c. 使公毋忘出奔在於莒也，使管仲毋忘束縛而在於魯也，使甯戚毋忘其飯牛而居於車下。(《吕氏春秋·直諫》)

表面上看，"奔"的情況似乎跟"涉、過"相反。可事實上，"奔＋于/於/乎＋$N_{處所}$"解讀出完成體，還是因爲"于/於/乎"有標記在點背景的作用。具體來看，a 例的"奔於鄭"表達的是"奔鄭並且在鄭"的意思，所以整個短語能解讀出完成體；此時也可以採取 c 例的表達方式，説成"奔在於鄭"。b 例的"奔吴"表達的是"奔向吴"的意思，後文進而叙述了逃奔途中發生的事情。

最後從類型學角度來看，在"V_m＋標記在點的介詞＋N"格式中，將 N 的所指解讀成位移終點背景，也是比較常見的現象。比較：

(160) a. 他在馬背上**跳**。(現代漢語)

b. 他**跳**在馬背上。

(161) a. The children walked in the room. (英語)

孩子們在房間裏走動。

b. The children walked in the room.

孩子們走進了房間裏。(引自 Grace Song,1997:42)

(162) a. Es sentado a su mesa de trabajo. (西班牙語)

was sitting at his desk

他坐在他的桌子上。

b. Fue al paique.

went at-the park

他去了公園。(轉引自 Grace Song,1997:40)

(163) a. Er zit een gat in de handdoek. (丹麥語)

there sits a hole in the towel

毛巾裏有個窟窿。

b. Hij valt in de modder.

He falls in the mud

他掉進了爛泥裏。

c. Hij kruipt in de modder.

He crawls in the mud

一解:他在爛泥裏爬着。另一解:他爬進了爛泥裏。(引自 Miriam van Staden 等,2006:497、502)

第五節　小　結

本章從句法層面討論了表達各位移事件語義成分詞語的配位模式。

就動體和背景而言，句法角色的實現遵循以下優先序列，並由此形成動體和背景的無標記配位格式：

語義角色：（施事＞）動體＞背景

句法位置：主語＞主要賓語＞次要賓語＞旁語

語義角色上處於高端者，則相應優先選擇處於高端的句法位置。而決定語義角色序列的則是施動性和關注度兩個指標，受關注度最低的背景處於末端；施動性最高的施事處於最前面；動體則介於兩者之間。需要注意的是，上述序列有時會受到信息編碼原則和受影響度原則的衝擊而作出調整，從而形成動體和背景的有標記配位格式。

跟位移事件相關的方式，其實有三種，一是移動方式，二是致使方式，三是存在方式。移動方式主要由“飛”“游”“步”“走”“奔”等詞化了方式的位移動詞來表達，但有時也可以由居於左側旁語位置的副詞等來表達。需要注意的是，處於連動式前位的方式動詞（如“徒”“潛”）等很容易虛化爲副詞。致使方式和存在方式只見於致移事件，兩者均由謂語動詞來表達，該謂語動詞多爲放置類和姿勢類動詞。

就路徑而言，指示、構象、方嚮、向量在句法層面都有兩種可以獨立使用的表達手段。當然，這其中的手段有時可以兼而用之，從而形成雙重標記格局。具體來看，表達指示的主要手段是用“來、往”等編碼了［指示］的位移動詞作謂語；次要手段是讓“彼、此”等指示代詞來標明相關背景的指示位置。表達構象的主要手段是用“出、入”等編碼了［構象］的位移動詞作謂語，次要手段是在背景賓語或右側背景旁語後面附加方位詞。表達方嚮的主要手段是動用“升、降、進、退”等編碼了［方嚮］的位移動詞作謂語，次要手段是讓方位詞直接實現爲謂語動詞前的左側旁語。表達向量的主要手段是動用“出、入、去、至、涉、過”等編碼了［向量］

的位移動詞作謂語，次要手段用介詞“自、從、由”來標明背景旁語的向量類型。需要着重指出的是，介詞“于、於、乎”只是不標明任何向量類型的處所格標記，它們在後置方位詞興盛之前就已經開始脱落。具體到“V_m＋于/於/乎＋$N_{背景}$”格式中，我們看到：若 V_m 爲路徑動詞，$N_{背景}$所指解讀爲終點的可能性最大；若 V_m 爲方式動詞，$N_{背景}$所指解讀爲在點的可能性最大。這就是説，路徑動詞和方式動詞兩個語義類在句法層面也相應呈現出了不同的表現。

總體來看，不管是指示、構象、方嚮還是向量，主要動用的都是位移動詞；也就是説，位移動詞是路徑表達的主要手段。據此而言，上古漢語應該歸入動詞構架類語言(verb-framed language)。同時，我們也看到，指示還可以用指示代詞來表達；構象和方嚮都用方位詞來表達，但具體的句法實現有别；向量則可以用部分介詞來表達。顯然，三者在表達路徑時存在着明顯的分工。我們在下章將會看到，後置方位詞和介詞在路徑表達中將扮演越來越重要的角色。

第四章　上古漢語位移事件詞化模式的歷史演變

前面兩章分別從詞以下層面以及句法層面共時分析了上古漢語位移事件的詞化模式。本章則將從歷時角度觀察這一詞化模式在詞以下層面以及句法層面經歷了哪些變化。具體來説，我們將以“去”“進”爲例説明位移動詞所編碼的位移成分會在具體運用中發生變化，這屬於詞以下層面的探討；以“至、往”爲例説明有些原先不及物的位移動詞會在具體運用中發生及物化，這屬於句法層面的探討。另外，我們還將分析後置方位詞的使用，這也屬於句法層面的探討。①

第一節　“去”的詞義演變過程及其機制

“去”的古今詞義殊異，很早就引起了學者的關注。王力(1980:546—547)指出，“去”字在上古作“離開”講，往往要求賓語，但也可以不帶賓語，仍然表示“離開”的意思，這種用法一直沿用到近代書面語言裏。在現代漢語裏，“去”字或者表示古代的“往”，或者表示古代的“之”和“適”，這樣，就造成了和古代相反的

① 限於時間，中古時期向量介詞“往、朝、向、望”的使用狀況以及位移動詞的補語化没來得及作具體分析。

意義。但具體的演變過程及其機制還需要進一步探討。

一、問題的提出

在漢語史研究中，“去”有一個很鮮明的詞義句法變化，例如：

(1) 川淵者，龍魚之居也；山林者，鳥獸之居也；國家者，士民之居也。川淵枯則龍魚去之，山林險則鳥獸去之，國家失政則士民去之。(《荀子·致士》)

(2) 他去美國了。

上述兩個例子中的“去”，前者義爲[離開]，後者義爲[前往]。相應地，“去”的古今詞義演變也就成了由[離開]衍生[前往]的過程。

對於這一過程，楊克定(1988)、王國栓(2003)、朱慶之(1992)、徐丹(2005)、胡敕瑞(2006)、崔達送(2006)等專門作了討論。根據這些討論，我們得到以下兩點基本認識：

一、東晉佛典文獻中，已經可以見到“去”帶終點賓語(“去＋$O_{終點}$”)的用例(朱慶之，1992)，而在中土文獻中類似格式的用例要到晚唐五代才能見到(2003)。

二、在“去＋$O_{終點}$”格式產生之前，兩漢文獻中的有些“去”已經可以解作[前往]。楊克定(1988)、崔達送(2006)列舉了一些西漢的用例，胡敕瑞(2006)則認爲西漢解爲[前往]的“去”還都可以解爲[離開]，因而主張東漢時期才真正出現了[前往]義的“去”，並從佛典中尋覓到了一些用例。

由此看來，討論“去”的詞義演變，必須分清語義和語法層面：“去＋$O_{終點}$”格式的產生，只是[前往]義“去”的及物化標志；而在此之前，“去”已經產生了[前往]義。換句話說，“去”產生[前往]義在前，爾後才及物化帶上了終點賓語。因此，朱慶之(1992)、王國栓(2006)根據“去＋$O_{終點}$”格式的出現年代來確定“去”[前往]

義的產生都明顯失之過嚴。

那麼,“去”的[前往]義又到底是如何衍生出來的呢?對此,徐丹(2005)、胡敕瑞(2006)的分析很富有啓發性,但美中不足的是:他們都只是籠統地分析哪些格式中的“去”應該是[前往]義,並没有進一步深究[前往]義跟之前的[離開]義到底存在什麼區别。

事實上,從語義層面看,[前往]義“去”和[離開]義“去”還可以進一步分解出三個差異。

甲、[離開]義的“去”没有詞化[指示],其起始位置不一定與説話者位置重合;[前往]義的“去”則詞化了[指示],表達的是一個遠離説話者的位移。

乙、[離開]義的“去”是瞬時達成體,[前往]義的“去”則是持續體。

丙、[離開]義和[前往]義的“去”都是二價動詞,但前者的客體論元是位移的起點,後者的客體論元是位移的終點。

跟丙對應,兩者在語法上的差異主要是:

丁、[離開]義和[前往]義的“去”雖都是及物動詞,但前者所帶賓語是起點賓語,後者所帶賓語是目標賓語。

既然[前往]義“去”和[離開]義“去”有上述四個區别,我們就需要進一步去探討:這四個差異的形成是否有時間上的先後?如果有,那麼哪個差異先形成,哪個差異後形成?每個差異的形成機制具體如何,是否可以找到相應的形式標記?我們嘗試對上述三個問題作出解答。

二、[指示]的賦予:[離開説話者]義的“去”

差異甲的形成過程,也就是“去”賦予[指示]的過程。[離開]義的“去”没有詞化位移動體與説話者的位置關係;因此,這時的

"去"在語義上不僅和"之、如、適"兼容，也和"來"兼容。例如：

(3) <u>去</u>衛地<u>如</u>魯地，於是有災，魯實受之。(《左傳·昭公七年》)

(4) 高石子三朝必盡言，而言無行者。<u>去</u>而<u>之</u>齊，見子墨子曰：……(《墨子·耕柱》)

(5) 初，鮑國<u>去</u>鮑氏而<u>來</u>爲施孝叔臣。(《左傳·成公十七年》)

(6) 無往焉而不知其所至，<u>去</u>而<u>來</u>而不知其所止，吾已往來焉而不知其所終；彷徨乎馮閎，大知入焉而不知其所窮。(《莊子·知北游》)

(7) 雁鵠集於會稽，<u>去</u>避碣石之寒，<u>來</u>遭民田之畢，蹈履民田，啄食草糧。糧盡食索，春雨適作，避熱北<u>去</u>，復之碣石。(《論衡·偶會》)

例(3)和例(4)表明"去"和表示遠離説話者位置的"如、之"兼容，可以構成"去(＋N)(＋而)＋如/之＋N"格式來表達一個包含位移起點、續段、終點的完整場景，其中[去]的起點也就是説話者的位置。例(5)和例(6)"去(＋N)＋而＋來"格式則表明"去"也和"來"兼容，[去]的起點，如例(5)的"鮑氏"，是遠離説話者的位置，其後續的位移動作則是朝向説話者的位置。例(7)更有意思，我們可以把動體[雁鵠]的位移路綫示意如下：

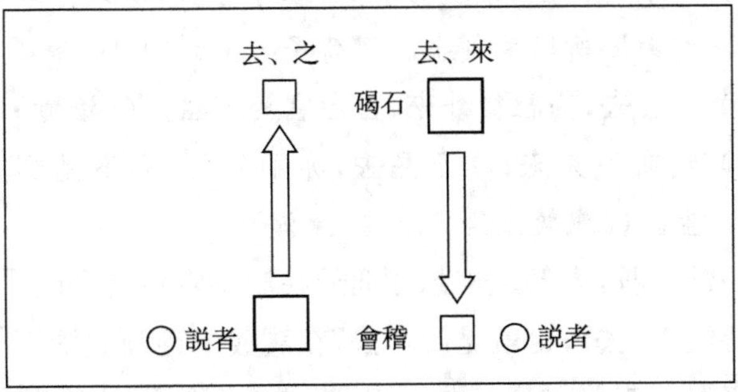

在往返過程中，説話者位置都在會稽山。其中，雁鵠由碣石飛向會稽的過程用“去”“來”表述，[去]的起點是碣石，後續動作所向的是説話者位置；由會稽飛向碣石的過程則用“去”“之”表述，[去]的起點是會稽，同時會稽也是説話者的位置所在。對比之下，我們可以看出，[離開]義的“去”，起點位置跟説話者的位置既可以重合，也可以不重合。

此時“去”的反義詞，確切來説是“至”“就”“奔”等表示到達或趨嚮某個位置的位移動詞，比較：

(8) 叔孫所館者，雖一日，必葺其牆屋，<u>**去**</u>之如始<u>**至**</u>。(《左傳·昭公二十三年》)

(9) 治國<u>**去**</u>之，亂國<u>**就**</u>之，醫門多疾。(《莊子·人間世》)

(10) 夫桀紂，聖王之後子孫也，有天下者之世也，埶籍之所存，天下之宗室也，土地之大，封内千里，人之衆數以億萬，俄而天下倜然舉<u>**去**</u>桀紂而<u>**奔**</u>湯武，反然舉惡桀紂而貴湯武。(《荀子·彊國》)

不過，我們同時也應該注意到，這一時期的確也可以找到很多“去”和“來”對立而言的用例，例如：

(11) 神者，物受之而不能知(及)其<u>**去來**</u>，故聖人畏而欲存之。(《史記·律書》)

(12) 地<u>**來**</u>而民<u>**去**</u>，累多而功少，雖守者益，所以守者損，是以大者之所以反削也。(《荀子·王制》)

(13) 老公<u>**去**</u>，高祖從外<u>**來**</u>，吕后言於高祖。(《論衡·骨象》)

(14) 我亦不見<u>**來**</u>，亦不見<u>**去**</u>，亦不見住，亦不見終，亦不見生。(《魔嬈亂經》，失譯，東漢)

根據這一點來看，人們越來越傾向於在説話者位置和[去]起點位置相同時使用“去”；也就是説，“去”在詞義中逐漸規約了[指示]。從文獻來看，“去(＋N)＋而＋來”格式在《論衡》之後就消亡了；

相應地，我們可以把"去"規約了［指示］的確切時間定爲東漢中後期。

三、情狀體的變化

差異乙反映了"去"情狀體的變化，［離開］義的"去"是瞬時達成體，而［前往］義的"去"則是持續體。兩者情狀上的差異可以圖示如下：

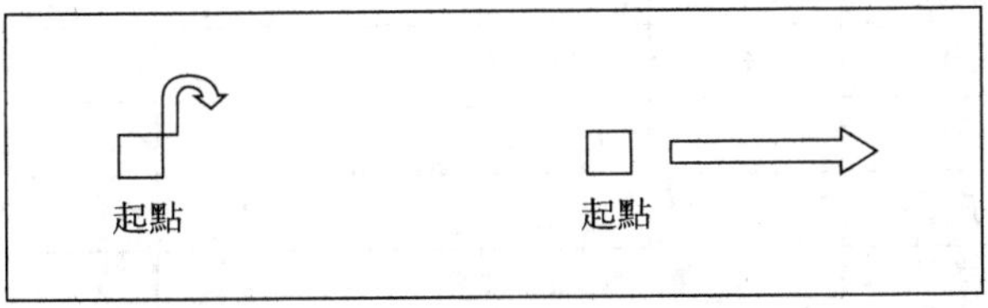

這一變化實際上也是將位移續段規約進詞義的過程：規約前只有位移的起點階段，規約後則既包括起點階段，也包括中間階段。之所以出現這種情狀變化，與"去"的下述句式調整有關。王國栓(2003)已經注意到"去"在由［離開］義到［前往］義的過程中，有一段時間不帶起點賓語，並作了一個初步的統計，結果如下：

表 4－1

語料	左傳	史記（世家部分）	風俗通義（東漢）	佛説孛經鈔（三國）
總例數	138	206	22	26
帶賓語數	132	26	5	2
帶賓語百分比	96％	13％	23％	8％

上述統計未區分"去"的自移用法和致移用法，這顯然會大大影響最終的統計數據，因爲致移用法中的"去"基本以帶賓語爲常，如果這種用例繁多，勢必提升"去"帶賓語的百分比。再加上致移

"去"所帶的是受事賓語,跟"去"的情狀體變化没有絲毫聯繫,因此我們將分開統計自移"去"和致移"去",結果見表 4-2。

表 4-2 上古文獻中自移"去"和致移"去"的帶賓語情况(單位:例)

	自動		使動	
	去	去+賓語	去	去+賓語
《左傳》	4	34	5	85
《國語》	7	19	2	19
《論語》	3	5	0	5
《墨子》	3	7	1	29
《孟子》	29	20	0	10
《莊子》	16	16	2	32
《荀子》	5	17	3	15
《韓非子》	21	17	4	86
《吕氏春秋》	28	20	8	79
《晏子春秋》	13	7	6	22
《戰國策》	68	23	2	18
《史記》	492	84	16	94

從上表來看,[離開]義的"去"的確有個逐漸不帶賓語的趨勢:《左傳》中以帶起點賓語爲常,占[離開]義"去"總用例的 89.5%;從戰國中後期開始,以不帶賓語爲常(《荀子》是個例外);到了《史記》中,不帶賓語者占了[離開]義"去"總用例的 85.4%,跟《左傳》的情况恰好相反。與此同時,致移"去"則一直以帶賓語爲常。從這一對比來看,[離開]義"去"逐漸不帶賓語,實際上是把"去+N"格式讓給了[除棄]義的"去"。比較:

(15) 冬,晉侯圍原,命三日之糧。原不降,命<u>去之</u>。……退一舍而原降。(《左傳・僖公二十五年》)

(16) 公族,公室之枝葉也。若<u>去之</u>,則本根無所庇蔭矣。

(《左傳·文公七年》)

(17) 初,鮑國去鮑氏而來爲施孝叔臣。(《左傳·成公十七年》)

(18) 襄公將去穆氏,而舍子良。子良不可,曰:"穆氏宜存,則固願也。若將亡之,則亦皆亡,去疾何爲?"乃舍之,皆爲大夫。(《左傳·宣公四年》)

例(15)和例(16)都是"去之",其中前者是[離開原]的意思,後者是[除去枝葉]的意思。例(17)和例(18)都是"去+人名",前者是[離開鮑氏]的意思,後者是[除去穆氏]的意思。顯然,[離開]義"去"帶了賓語,就會大大增加句子歧義的可能。爲了減少歧義,人們對句式作了重新分配,讓[離開]義"去"以不帶賓語爲常;[除去]義"去"以帶賓語爲常,不帶賓語時多半是因爲賓語話題化前移到了句首。例如:

(19) 此三族也,世濟其凶,增其惡名,以至於堯,堯不能去。(《左傳·文公十八年》)

(20) 善人在患,弗救不祥;惡人在位,不去亦不祥。(《國語·晉語八》)

例(19)和例(20)中"去"的受事賓語"此三族""惡人"均前移做了話題。

在這一句式調整之後,不帶賓語的"去"在語義上慢慢就淡化了對起點的凸顯;相應地,這類"去"在情狀上也就由點狀變成了射綫狀。在詞義刻畫方面,前者可以描述爲[離開](depart from),後者可以描述爲[離開而行](move from)。例如:

(21) 今子,東國之桃梗也,刻削子以爲人,降雨下,淄水至,流子而去,則子漂漂者將何如耳。(《戰國策·齊策三》)

與例(15)和例(17)相比,帶起點賓語的"去"在句法層面凸顯了起點背景,因而此類格式中的"去"不會發生情狀體變化;而在例

(21)之類的用例中,句法層面不帶賓語的"去"會在語義層面悄悄發生重新分析,開始被理解成射綫狀,語義上跟"行"很類似。而當位移的終點也明確時,不帶起點賓語的"去"理解成射綫狀反而更加自然。例如:

(22) 後十年,陳涉等起兵,良亦聚少年百餘人。景駒自立爲楚假王,在留。良欲往從之,道遇沛公。沛公將數千人,略地下邳西,遂屬焉。沛公拜良爲厩將。良數以太公兵法説沛公,沛公善之,常用其策。良爲他人言,皆不省。良曰:"沛公殆天授。"故遂從之,不去見景駒。(《史記·留侯世家》)

該例中"不"否定的是整個"去見景駒",説明"去見景駒"的確已經緊縮爲連動結構,不可再點斷爲兩個小句。"去見景駒"所試圖描述的事件可以完整展現如下:首先張良離開沛公劉邦所在地,接着張良在前往景駒所在地的途中,最後張良到達景駒所在地並拜見景駒。其中的"見景駒"表達的是最後一個位階段,"去"則存在兩種語義分析:分析爲[離開],表達的是位移的起點階段,此時中間的位移過程則根據語境推理而得;分析爲[離開而行],表達的是位移的起點階段和中間階段。相比之下,新分析實際上是把原先由語境推理而得的語義信息規約進了動詞"去",結果導致了部分"去"的情狀體變化。通過這一語用推理的規約,最終產生了只能解爲持續體的"去"。例如:

(23) 項籍少時,學書不成,去學劍,又不成。(《史記·項羽本紀》)

該例中的"去"無論如何也不能解讀爲[離開]義的瞬時體動詞"去"。

四、終點論元的賦予

部分"去"變爲持續體的同時,其論元結構也在發生變化,起點日益淡化,從原先的必有語義成分變成了可有語義成分;與此同時,終點却不斷强化,從原先的可有語義成分變成了必有語義成分。造成這一轉變的句法格式還是不帶起點賓語的“去”字句,相應的語用環境則是位移終點的明確化。比較:

(24) 朱英恐,乃亡去。(《戰國策·楚策四》)

(25) 柏常騫去周之齊,見晏子曰:……(《晏子春秋·内篇問下》)

(26) 宫之奇諫,百里奚不諫。知虞公之不可諫而去之秦,年已七十矣。……知虞公之將亡而先去之,不可謂不智也。(《孟子·萬章上》)

(27) 又前而爲歌曰:“風蕭蕭兮易水寒,壯士一去兮不復還!”復爲忼慨羽聲,士皆瞋目,髮盡上指冠。於是荆軻遂就車而去,終已不顧。(《戰國策·燕策三》)

例(24)整個語境只點明位移的起點,終點則不清楚,此種環境中的“去”當然不會將終點規約爲論元。例(25)整個語境雖然同時點明起點和終點,但兩者分屬兩個位移動詞的論元,其中的“去”已經帶着起點賓語,自然無法再規約進一個終點論元。例(26)的整個語境點明了位移的起點是虞國,終點是秦國,其中“去”的論元仍是起點;參照後文“知虞公之將亡而先去之”,可知“去之秦”實際上是“去虞之秦”的省略形式。① 例(27)的整個語境點明了位移的終點是秦國,起點則是燕國或易水,其中的“去”没有帶上起點賓語。在這種環境中,起點和終點看起來都像是“去”的可有語義成分;也就是説,這類“去”實際上可以視爲一價動詞,此時起點已不是“去”的必有論元,而終點則尚未成爲“去”的必有論元。

---

① 事實上,“知虞公之不可諫而去之秦”還可以斷爲“知虞公之不可諫而去,之秦”,請參照《史記·張儀列傳》:“張儀、魏章去,東之魏。”《項羽本紀》:“沛公已去,閒至軍中。”

然而,起點和終點之間的平衡只是短暫的。人們在使用"去"時,越來越傾向於點明終點,並且逐漸將終點視爲"去"的必有論元。這一點可以從"所去"的指稱變化上得到證實。比較:

(28) 所就三,所去三。迎之致敬以有禮,言,將行其言也,則就之。禮貌未衰,言弗行也,則去之。其次,雖未行其言也,迎之致敬以有禮,則就之。禮貌衰,則去之。(《孟子·告子下》)

(29) 譬如燈炷之明,不自念言我當逐冥去冥也。然燈炷照,不知冥所去處。(東漢支婁迦讖譯《遺日摩尼寶經》)

例(28)談論的是什麼條件下應該離開君王,什麼條件下應該接近君王,其中的"所去"轉指的是位移的起點。例(29)説燈一照明,冥(昏暗)就不知道跑到哪裏去了,其中的"所去"轉指的是位移的終點。從文獻用例來看,當"去"用於表達自移時,轉指終點的"所去"首見於東漢中後期佛經中,在此之前只轉指起點。據此,我們可以斷定,至晚在東漢中後期,部分"去"的論元中已經包含了終點論元,再度成爲二價動詞。

之所以用"所去"來檢驗終點是否成爲"去"的論元,是因爲"所"的主要功能就是提取跟動詞相關的客體論元。比較例(28)中的動詞"去"和"就",前者客體論元是起點,所以"所去"轉指的是位移的起點,後者客體論元是終點,所以"所就"轉指的是位移的終點。需要説明的是,能用"所"提取的客體論元在句法層面有兩種表現:一種客體論元直接可以作相應動詞的賓語,如例(28)中"去""就"的客體論元,另一種客體論元則不能直接作相應動詞的賓語,一般要用介詞引出,如上古漢語中"往""至"的客體論元。相應地,"所去"的指陳變化,也就只能用於證明"去"客體論元的變化,而不能用於證明"去"的及物化問題。

綜上,我們可以斷定賦予了[指示]、情狀上爲[持續]、客體論元爲[終點]的"去",至晚在東漢中後期已經出現。這個"去",跟上古文獻中的"往"類似,表達的都是遠離説話者的位移過程,語義上終點都是必有語義角色,句法上則都是不及物動詞。

具體來看,我們只能確定"去"的情狀變化在先,[終點]論元的賦予在後;至於[指示]的賦予,則跟[終點]論元的賦予差不多時候,很難分清楚孰先孰後。因此,[前往]義"去"的衍生過程可以圖示如下:

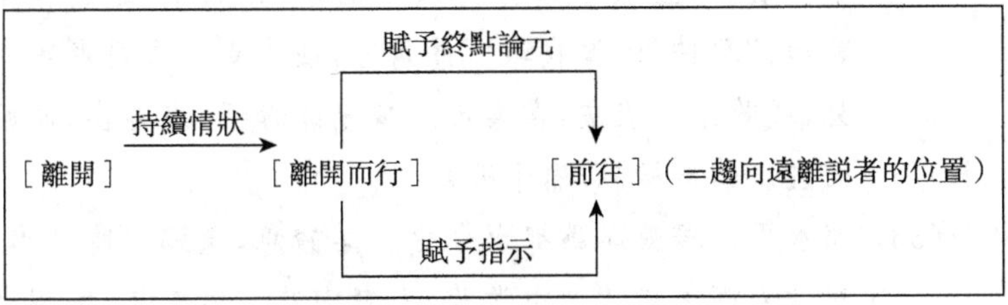

五、"去"的及物化

王力(1980:556)提到,現代漢語裏的"去"字或者表示古代的"往"(你不去,我去),或者表示古代的"之"和"適"(去上海,去蘇聯)。而從上述分析中,我們已經看到,[前往]義的"去",一開始語法功能跟上古漢語的"往"一樣,都是不及物動詞;爾後經歷了及物化過程,才具有了跟上古漢語位移動詞"之、適"類似的語法功能。這一部分主要就是要探討[前往]義"去"的這一及物化過程。

[前往]義"去"產生之後,有段時間裏以不帶終點賓語爲常,例如:

(30) 獵者受教,即涉道<u>去</u>;七年七月七日,到象所止處。(《雜譬喻經》,失譯,東漢)

(31) 時國王舉鏡自照謂群臣:"天下人顏容,寧有如我不。"

答曰:"臣聞彼國有男子端正無比。"則遣使請之。使者至,以王告之:"王欲見賢者。"則嚴車進<u>去</u>。已自念:"王以我明達,故來相呼。"則還取書籍之要術,而見婦與客爲姦,悵然懷感,爲之結氣,顔色衰耗,惟怪更醜。(《雜譬喻經》,失譯,東漢)

(32) 漢建安四年二月,武陵充縣婦人李娥,年六十歲,病卒,埋於城外,已十四日。娥比舍有蔡仲,聞娥富,謂殯當有金寶,乃盜發冢求金。以斧剖棺,斧數下,娥於棺中言曰:"蔡仲,汝護我頭!"仲驚遽,便出走。會爲縣吏所見,遂收治。依法,當棄市。娥兒聞母活,來迎出,將娥回<u>去</u>。(《搜神記》卷十五)

(33) 都水馬武舉戴洋爲都水令史。洋請急,還鄉。將赴洛,夢神人謂之曰:"洛中當敗,人盡南渡。後五年,揚州必有天子。"洋信之,遂不<u>去</u>。既而皆如其夢。(《搜神記》卷八)

(34) 饑經日,迷不知何處<u>去</u>。(《世説新語·汰侈》)

到東晉前後,才出現一定數量的"去+$O_{終點}$"格式,例如(朱慶之,1992)[①]:

(35) 是時有一異比丘,於竹園<u>去</u>羅閲祇國,適在中間,爲蛇所齧。(東晉竺曇無蘭譯《玄師颰陀所説神呪經》)

(36) 諸比丘夏初月,分是物<u>去</u>餘處安居。(姚秦弗若多羅譯《十誦律》)

(37) 億耳,汝若<u>去</u>東方國土,見佛世尊親近禮拜,代我如是問訊。(姚秦弗若多羅譯《十誦律》)

---

① 胡敕瑞(2006)提到三國時已經有1例"去+$O_{終點}$",如三國吴支謙譯《大明度經》:"諸佛本何所來,去何所?"但是,該例並不可靠,因爲"去何所"存在多種異文,他本或作"去何所至""至何所"。

(38) “阿難，汝可起，去靜處思惟。”賢者阿難從坐而起，往至林中。(元魏慧覺等譯《賢愚經》)

而中土文獻中則要到晚唐五代才能見到一定數量的“去＋$O_{終點}$”格式，例如(王國栓，2006)：

(39) 自從夫去遼陽，遣妾勾當家事。(《敦煌變文校釋・舜子變文》)

(40) 因侍者辭，師問：“汝去何處？”(《祖堂集・鳥窠和尚》)

(41) 弟僧從此裝裹，却去寺主處具説前事。(《祖堂集・宿覺和尚》)

由此來看，相對於《搜神記》《世説新語》等中土文獻，同一時間的佛經文獻要更爲口語化，因而“去＋$O_{終點}$”格式的出現也要早得多。零星的“去＋$O_{終點}$”在六朝時期也能找到一些，例如(胡敕瑞，2006)：

(42) 君是何神，居此幾時？今若必去，當去何所？(《古小説鈎沉・述異記》)

説話者若要在“去”字小句中表達出位移終點，除了“去＋$O_{終點}$”格式之外，只能採取以下兩種格式：

(43) 薩陀波倫菩薩從三昧覺，作是念：“諸佛本從何所來？去至何所？”(東漢支婁迦讖譯《道行般若經》)

(44) 若人問比丘言：“從何處來？”答言：“過去中來。”“何處去？”答言：“向未來中去。”(東晉佛陀跋陀羅共法顯譯《摩訶僧祇律》)

(45) 汝父往何處去，乃令世尊待而不食。(姚秦佛陀耶舍共竺佛念等譯《四分律》)

(46) 即問言：“大德，欲至何處去？”答言：“我欲至舍衛國世尊所。”(姚秦佛陀耶舍共竺佛念等譯《四分律》)

例(43)中採取的是“去＋V_m＋$N_{終點}$”格式，終點成分以另一位移動詞的賓語身份進入“去”字句。其餘三例採取的是“(P/V_m＋)$N_{終點}$＋去”格式,終點成分以介詞或另一位移動詞的賓語身份進入“去”字句(如“向何處去”“往何處去”“至何處去”),或者直接以狀語或主語身份進入“去”字句(如“何處去”)。顯然,在“去＋$O_{終點}$”興起之前,終點成分只能通過形成“去＋V_m＋$N_{終點}$”或“(P/V_m＋)$N_{終點}$＋去”格式才能迂回進入“去”字小句。

在“(P/V_m＋)$N_{終點}$＋去”格式中,“去”不可能重新分析爲及物動詞;而在“去＋V_m＋$N_{終點}$”格式中,情況也有所不同,其中的$N_{終點}$有兩種分析:一種是舊的分析,$N_{終點}$被視爲另一位移動詞的賓語,此時“去”仍是不及物動詞;另一種是新的分析,$N_{終點}$被視爲“去”和另一位移動詞共享的賓語,如此一來“去”就突然成了及物動詞。事實上,在“$去_{(前往)}$＋$O_{終點}$”興起之前,中古佛經中可以找到大量的“$去_{(前往)}$＋V_m＋$N_{終點}$”格式。僅以“去＋至/到＋$N_{終點}$”爲例,東漢西晉三國佛經中就可以見到 19 例,例如:

(47) 佛從何所來?**去至何所**?(東漢支婁迦讖譯《道行般若經》)

(48) 獼猴**去至他山中**……(三國吴康僧會譯《舊雜譬喻經》)

(49) 諸比丘受佛教,皆**去至沙羅提國**。(西晉白法祖譯《佛般泥洹經》)

(50) 汝從是**去到揵陀越國曇無竭菩薩所**,自當爲汝説般若波羅蜜,當爲汝作師教汝。(東漢支婁迦讖譯《道行般若經》)

(51) 昔有二人從師學道,俱**去到他國**。(《舊雜譬喻經》,三國吴康僧會譯,東漢)

(52) 沙門言:“汝審欲得者,是間有佛,可往問佛。佛者知當來已去之事,汝往則可得汝子。”母聞是語,則歡喜意解,便隨沙門,**去到佛所**。(《鬼子母經》,失譯,西晉)

正是通過對“去$_{(前往)}$ $+ V_m + N_{終點}$”這一常用格式的重新分析，“去$_{(前往)}$”才突然成爲可以帶終點賓語的及物動詞，這和“往”的及物過程如出一轍。[①] 有趣的是，兩者及物化的時間也差不多，都是在東晉時期。

六、小結

綜上，“去$_{(前往)}$”由一定句法格式和語境中的“去$_{(離開)}$”衍生而來。部分“去$_{(離開)}$”先是在情狀體上經歷了由瞬時變爲持續的變化（西漢時完成），之後經歷了主觀指示和終點論元的賦予（東漢中後期完成），由此產生了［前往］義的“去”。爾後，常用格式“去$_{(前往)}$ $+ V_m + N_{終點}$”發生了重新分析，$N_{終點}$被分析成“去”和另一位移動詞的共享賓語，結果“去”也突然由不及物動詞變成了及物動詞（東晉時完成）。相應地，我們在分析“去$_{(前往)}$”的產生時間時，就必須分清楚是在哪個意義上討論這個問題。如果是問及物動詞“去$_{(前往)}$”的產生時間，那當然是如朱慶之所言，是在東晉時期；如果是問不及物動詞“去$_{(前往)}$”的產生時間，那當然是在東漢中後期。

第二節　“進”詞義的演變過程及其機制

“進”詞義的古今差異也很明顯：在上古漢語中，“進”的基本義是［前行］，而在現代漢語中，其基本義則是［内行］。對於這一詞義演變過程，李宗江（1997）、董志翹（1998）、汪維輝（2000/2017）、譚代龍（2008）等都作了比較深入集中的探討，主要關注的是［内行］義產生的時代以及判定標準。

---

① 參見華建光（2010）。

一、問題的提出

太田辰夫(1987/2003:199—200)提到,[内行]義的“進”在元代已經可以作表示趨嚮的後助動詞,例如:

(53) 射進几枝火箭來。(《馬陵道》)

(54) 糞拾在筐子裏頭,收進來。[①] (《老乞大》)

顯然,太田氏説的是[内行]義“進”作趨嚮補語的情況,至於“進”産生[内行]義的時代當然要早於元代。

李宗江(1997)以“進”後帶有内裏意義的方位短語作爲演變出[内行]義的標志,董志翹(1998)、汪維輝(2000/2017:279—291)也同意這一判定標準。其中,李、董二人都把[内行]義“進”的産生時代定在六朝,而汪則將之進一步提前到了東漢。

譚代龍(2008:122—126)有不同意見,他認爲“進+目標N”這一句法格式不足以作爲“進”産生[内行]義的標志,進而提出了“退進+目標N”和“進出”兩種判定格式。他所找到的相應用例都在明清之際,例如(譚代龍,2008:123—124):

(55) 容我退進私衙,再爲商議。(《醒世姻緣傳》第九十八回)

(56) 撫院計無所出,退進後堂,長吁短氣,一面星飛題本,一面算計調兵。(《醒世姻緣傳》第九十九回)

(57) 兩人道:“那人已進來了麽?”如霞道:“進來,進來,此時進進出出得不耐煩。”(《二刻拍案驚奇》卷三十四)

(58) 用了二百五十兩銀買了三批好馬,又用了三百兩買了六頭走騾,進出騎坐,買綾羅,製器皿,真是錢可通神!(《醒世姻緣傳》第一回)

---

① 《古本老乞大》此處作“收將來”。見李泰洙:《〈老乞大〉四種版本語言研究》,北京:語言出版社,2003年,第35頁。

值得注意的是，譚氏本人只將上述兩條標準用於判定［内行］義“進”替换“入”的時代，而非用於判定“進”産生［内行］義的時代。顯然，“進”産生［内行］義和“進”替换“入”是兩個不同的問題，前者應該要早於後者。事實上，在詞彙替换問題上，譚氏的論斷與李宗江(1997)不謀而合。李氏説：“‘進’對‘入’的替换過程從元代開始，到明末已基本結束。”並用下表的統計來支持自己的説法：

表 4-3

文獻	水滸	西游	醒世	拍案	金瓶	紅樓	儒林	兒女
取例範圍	43—49 回	36—42 回	1—7 卷	1—7 卷	38—46 回	3—12 回	5—11 回	2—11 回
取例總數	100	100	100	100	100	100	100	100
入數	87	39	37	30	23	26	8	4
進數	13	61	63	70	77	74	92	96

綜上，我們可以確定，在明清時期，［内行］義“進”取代了“入”；在元代［内行］義“進”已經可以作趨嚮補語。而要探討“進”［内行］義的産生時代，則應該關注元代之前、東漢之後的語料。

至於［前行］義“進”衍生［内行］義“進”的過程和機制，諸家都説得有些籠統，有些解釋還需要作進一步的推究，這也是我們致力想解決的問題。事實上，這兩個“進”的語義區别至少可以進一步細化成三個更小的對立：

甲、在位移維度上，前者詞化了［前］，因而跟它相對的詞是“退”；後者在這一參數上則没有具體的語義規定。

乙、在位移的空間構象上，後者詞化了動體和動體之間的［包含］關係；前者在這一參數上則没有具體的語義規定。

丙、在位移向量上，後者詞化了［到達］向量，終點背景是其必有語義成分，因而跟它相對的詞是“出”；前者在這一參數上則没有具體的語義規定。

反映在句法層面,兩者最主要的區别則是:

丁、前者是不及物動詞;後者是及物動詞,經常帶終點賓語。

因此,要想成功描寫和解釋"進"[内行]義的産生過程和機制,就得解釋上述四個對立的轉變過程。

二、上古時期的"進"

在上古時期,用"進"描述的前行事件可以分爲兩類,請先看例子:

(59) 女子入門,晏子望見之,曰:"怪哉!有深憂。"進而問焉,曰:"所憂何也?"(《晏子春秋·内篇諫下》)

(60) 魏武侯謀事而當,群臣莫能逮,退朝而有喜色。吴起進曰:"亦嘗有以楚莊王之語聞於左右者乎?"(《荀子·堯問》)

(61) 齊王使使者問趙威后。書未發,威后問使者曰:"歲亦無恙耶?民亦無恙耶?王亦無恙耶?"使者不説,曰:"臣奉使使威后,今不問王,而先問歲與民,豈先賤而後尊貴者乎?"威后曰:"不然。苟無歲,何以有民?苟無民,何以有君?故有問舍本而問末者耶?"乃進而問之曰:"……"(《戰國策·齊策四》)

(62) 趙襄子游於囿中,至於梁,馬却不肯進,青荓爲參乘,襄子曰:"進視梁下,類有人。"青荓進視梁下。(《吕氏春秋·序意》)

(63) 景公病疽,在背。高子、國子請[見]。公曰:"職當撫瘍。"高子進而撫瘍,公曰:"熱乎?"曰:"熱。"……二子者出,晏子請見。公曰:"寡人有病,不能勝衣冠以出見夫子,夫子其辱視寡人乎?"晏子入,呼宰人具盥,御者

具巾，刷手温之，發席傅薦，跪請撫瘍。(《晏子春秋・内篇雜下》)

在例(59)—例(63)中，動體採取[進]的位移動作之前，和目標背景處於同一空間區域：或者是同處於某一封閉區間内，如例(59)—例(61)；或者是同處於户外，如例(62)。這是上古漢語中"進"最常見的使用場合。而在例(63)中，動體採取[進]之前，和目標背景處於不同的空間區域，因此伴隨[進]動作的實現，動體會跨越空間界限，到達目標背景所在的空間區域。這是上古漢語中"進"不大常見的使用場合。具體來看，高子採取[進]後，就等於進入了景公的卧室，所以當他和國子離開時，下文會以"二子者出"來描述。而晏子求見得到景公同意之後，下文則以"晏子入"來描述晏子的位移過程。對照來看，在這個具體語境中，"高子進"所描述的位移事件中，臨時包含了[高子入]的會話涵義。

當然，有些用例中，我們只根據上下文語境，已經無法斷定"進"所描述的是哪類位移事件。例如：

(64) 子墨子有疾，跌鼻<u>進</u>而問曰："先生以鬼神爲明，能爲禍福，爲善者賞之，爲不善者罰之。今先生聖人也，何故有疾？意者先生之言有不善乎？鬼神不明知乎？"(《墨子・公孟》)

(65) 不出三月，子培疾而死。荆興師，戰於兩棠，大勝晉，歸而賞有功者。申公子培之弟<u>進</u>請賞於吏曰："人之有功也於軍旅，臣兄之有功也於車下。"王曰："何謂也？"(《吕氏春秋・至忠》)

(66) 孔子南適楚，戹於陳、蔡之閒，七日不火食，藜羹不糂，弟子皆有飢色。子路<u>進</u>而問之曰……(《荀子・宥坐》)

同時，我們也發現，[前行]義的"進"在句法上並不凸顯背景，這表現在以下兩個方面：一方面它基本是個不及物動詞，直接帶終點賓語的僅有1例(例67);另一方面,所進之終點背景以"入""至"等其他位移動詞賓語身份引入句子中的用例也僅有3例(例68、69、70)。

(67) 史鰌奉御而進所,搏幣而扶翼。(《莊子·則陽》)

(68) 荆軻奉樊於期頭函,而秦武陽奉地圖匣,以次進至陛下。(《戰國策·燕策三》)

(69) 高固内官之厮役也,幸得以刀筆之文進入秦宮,管事二十餘年,未嘗見秦免罷丞相功臣有封及二世者也,卒皆以誅亡。(《史記·李斯列傳》)

(70) 齊師進次於陘。(《史記·齊太公世家》)

三、中古時期的"進"

到了中古,"進"越來越多地用於描述第二類位移事件。例如:

(71) 太子到佛所,阿難白言:"鳩夷國王遣太子來,未敢通之。"佛言:"呼進。"(西晉白法祖譯《佛般泥洹經》)

(72) 王以人定時到佛所,與民十四萬衆俱住在外。王白阿難曰:"吾與民十四萬人。欲受佛戒。"阿難向佛具陳王意。……佛言:"不可,當與相見。"王與國中高德賢者俱進,皆以頭面稽首佛足。(西晉白法祖譯《佛般泥洹經》)

(73) 羅友作荆州從事,桓宣武爲王車騎集别。友進,坐良久,辭出,宣武曰:"卿向欲咨事,何以便去?"答曰:"友聞白羊肉美,一生未曾得吃,故冒前耳,無事可咨。今已飽,不復須駐。"了無慚色。(《世説新語·任誕》)

(74) 庾玉臺,希之弟也。希誅,將戮玉臺。玉臺子婦,宣武弟桓豁女也。徒跣求進,閽禁不内。女厲聲曰:"是何小人？我伯父門，不聽我前！”因突入，號泣請曰：“庾玉臺常因人，脚短三寸，當復能作賊不？”宣武笑曰：“婿故自急。”遂原玉臺一門。（《世説新語・賢媛》）

（75）大將軍曹爽盛夏興軍伐蜀，蜀拒守，軍不得<u>進</u>。（《三國志・魏書・鍾繇華歆王朗傳》）

在例（71）—例（73）中，動作［進］的結果就是動體到達目標背景内部；而在例（74）和例（75）中，當動作［進］受到阻礙時，也就意味着動體無法到達目標背景内部。

相應地，反映在句法層面上，我們在中古文獻中經常可以見到先用“進”、後用“入”的句子，汪維輝（2000/2017：289）也已經注意到這一變化。例如：

（76）臣曰：“且停，待我見王。”大臣<u>進入</u>，啓白王言……（三國吴支謙譯《撰集百緣經》）

（77）乃渡江擊秣陵，破笮融，轉下湖孰、江乘，<u>進入</u>曲阿。（《三國志・吴志・周瑜魯肅吕蒙傳》）

（78）有鬼著絹巾，似是故將相，呵斥初不顧，徑<u>進入</u>宫。（《古小説鈎沉》）

（79）齊車所至處，即下車步<u>進</u>，<u>入</u>林。（姚秦佛陀耶舍共竺佛念等譯《四分律》）

（80）時黄頭婢即前<u>進</u>，<u>入</u>末利園中。（姚秦佛陀耶舍共竺佛念等譯《四分律》）

（81）王允乃與士孫瑞密表其事，使瑞自書詔以授布，令騎都尉李肅與布同心勇士十餘人，僞著衛士服於北掖門内以待卓。卓將至，馬驚不行，怪懼欲還。吕布勸令<u>進</u>，遂<u>入</u>門。（《後漢書・董卓列傳》）

通過上述例（71）—例（81），我們看到，到了中古時期，“進”所表位移事件跟進入事件的關係越來越密切。很多時候，到達背景内部被視爲前行動作的預期結果。如此一來，我們可以認爲，在中古時期，前行和内行兩個事件之間建立了一種常規的語用推理關係——兩者之間構成一種因果關係。

更值得注意的變化是，中古文獻中出現了數量可觀的"進＋$\mathrm{N}_{終點}$"格式用例。早在三國時期，[前行]意義的"進"就可以構成"進＋$\mathrm{N}_{終點}$"格式。例如：

(82) 便語衆輩："汝等住此，吾欲獨進。得勝鬼者，當還相迎；不得來者，知爲遇害，便各還退，勿復進也。"於是獨前方行數里。……薩薄還呼衆人，**前進彼土**，於是二國並知。（三國吴康僧會譯《舊雜譬喻經》）

該例所述故事的大意是：薩薄讓跟隨者停住，然後獨自前去迎戰前方的惡鬼；最終惡鬼爲佛法所動，不戰而退，薩薄就回來叫衆人一起前進。其中所言的"前進彼土"，説的就是[向彼土進發]的意思，而[到達彼土]的涵義則可以通過語用推理獲得。

汪維輝(2000/2017：288)認爲"進"帶目的賓語是"進"産生[進入]義後才有的新用法。可下面4個"進＋$\mathrm{N}_{終點}$"格式中的"進"，却只能解爲[前行]，不能解爲[内行]。例如：

(83) 吴孫峻殺朱主，埋於石子岡。歸命即位，將欲改葬之。冢墓相亞，不可識别，而宫人頗識主亡時所著衣服。乃使兩巫各住一處，以伺其靈，使察鑒之，不得相近。久時，二人俱白："見一女人，年可三十餘，上著青錦束頭，紫白袷裳，丹綈絲履，從石子岡上。半岡而以手抑膝，長太息，小住須臾，更**進一冢上**便止，徘徊良久，奄然不見。"二人之言，不謀而合。於是開冢，衣服如之。（《搜神記》卷二）

(84) 喜等兵力甚弱，衆寡勢懸，交戰盡日，臨陳斬楊玄、孫矯之、黄泰，餘衆一時奔走，因**進義興南郭外**。（《宋書・孔

覬傳》）

（85）憲聞帝自討龐萌，乃與劉紆、蘇茂、佼彊去下邳，還蘭陵，使茂、彊助萌，合兵三萬，急圍桃城。帝時幸蒙，聞之，乃留輜重，自將輕騎三千，步卒數萬，晨夜馳赴，［師］次任城，去桃鄉六十里。旦日，諸將請進，賊亦勒兵挑戰，帝不聽，乃休士養鋭，以挫其鋒。城中聞車駕至，衆心益固。時吴漢等在東郡，馳使召之。萌等乃悉兵攻城，二十餘日，衆疲困而不能下。及吴漢與諸將到，乃率衆軍**進桃城**，而帝親自搏戰，大破之。萌、茂、彊夜棄輜重逃奔，董憲乃與劉紆悉其兵數萬人屯昌慮，自將鋭卒拒新陽。（《後漢書·龐萌傳》）

（86）元景引軍度熊耳山，安都頓軍弘農，法起進據潼關，季明率方平、趙難軍向陝西七里谷。殿中將軍鄧盛、幢主劉駿亂使人入荒田，招宜陽人劉寬糾率合義徒二千餘人，共攻金門塢，屠之。殺戍主李買得，古拔子也，爲虜永昌王長史，勇冠戎類。永昌聞其死，若失左右手。誕又遣長流行參軍姚範領三千人向弘農，受元景節度。十一月，元景率衆至弘農，營於開方口。仍以元景爲弘農太守，置吏佐。初，安都留住弘農，而諸軍已**進陝**，元景既到，謂安都曰："無爲坐守空城，而令龐公深入，此非計也。宜急進軍，可與顯祖並兵就之。吾須督租畢，尋後引也。"衆並造陝下，即入郭城，列營於城内以逼之，並大造攻具。（《宋書·柳元景傳》）

例（83）和例（84）中，動體雖然移到了背景位置，但兩者之間的空間配位關係却不是動體包含於背景内部。例（83）"進一冢上"是説該女人的魂靈前行到一個墳冢上面，而非進入墳冢裏面，其中的"進"雖然帶上了終點賓語，但仍是［前行］義。例（84）"進義興南郭外”是説軍隊進發到了義興南郭之外,其中的“進”自然不能解爲[内行]。

汪維輝(2000/2017:281)將例(85)“進桃城”中的“進”視爲[内行]義。可根據上下文來看,光武帝先是將東郡吴漢諸將領召到任城,然後才一起向被龐萌軍隊圍攻的桃城進發,並與之在城外發生了搏戰。這樣的話,光武帝所率領的軍隊在搏戰前實際上並没有進入桃城,而只是進發到桃城附近而已。因此,“進桃城”實際上是[向桃城進發]或[進發到桃城]的意思,其中的“進”顯然還是應該解爲[前行]。在例(86)所描述的史實中,安都軍先是留在了弘農,顯祖等人的北伐軍隊則已經向陝城進發;等元景軍到後,方一起離開弘農急速進軍,路上趕上了顯祖等人的軍隊,然後一起來到了陝城下。如此看來,所謂的“諸軍已進陝”,是説顯祖等人的北伐軍隊先行向陝城進發了,而非已經進入陝城。因此,其中的“進”自然也還是[前行]的意思。

通過上述分析,我們可以看到,[前行]意義的“進”在中古時期經歷了一個及物化的過程,具備了直接帶終點背景賓語的能力。及物化前後的[前行]義“進”,其所表達的位移事件可以圖示如下:

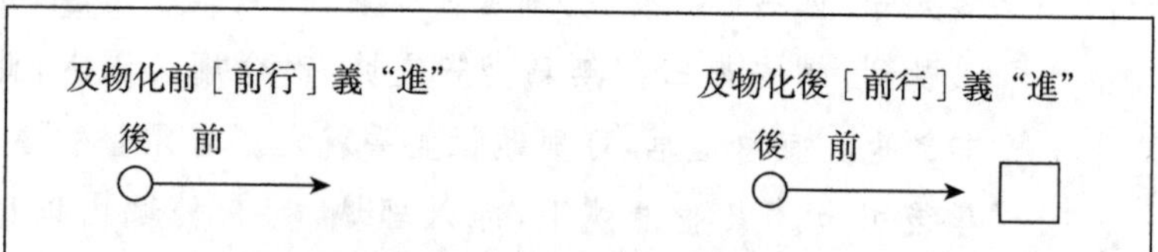

兩者在語義上的區别在於是否凸顯終點背景,在句法上的區别則在於是否能直接帶終點背景賓語。

而及物化之後的[前行]義“進”,其所表達的位移事件根據具體語境可以細化爲各種空間配位關係,其中當然也包括包含關係。例如：

(87)(整)忽至户前,隔箔攘拳大駡,突**進房中**,屏上取車帷准米去。(南朝梁任昉《奏彈劉整》)

(88) 積數年,得**進其帳中**。(《搜神記》卷十七)

(89) 整奴,仍自**進范所住**,屏風上取車帷爲質。(南朝梁任昉《奏彈劉整》)

(90) 既入城,**進廳事**,上有信幡,題云"河伯信"。(《搜神記》卷四)

上述四例,按照汪維輝(2001/2017)、李宗江(1997)、董志翹(1998)的標準,其中的"進"均爲[内行]義。固然,這四例的"進"都可以替换成"入",但我們切不可忽視的是,它們同樣也可以替换成"至""往"等。比較:

(91) 至河中流,忽有鯉魚跳**入船内**。(《搜神記》卷三)

(92) 比達石頭,忽有大鯉魚,長三尺,躍**入舟**。剖之得簪。(《搜神記》卷四)

(93) 桓公入蜀,**至三峽中**,部伍中有得猿子者。(《世説新語·黜免》)

(94) 殷中軍嘗**至劉尹所**清言。(《世説新語·文學》)

(95) 我子必當渡河,即尋迹渡河,**往仙人鹿苑中**。(姚秦佛陀耶舍共竺佛念等譯《四分律》)

(96) 時那羅陀及龍王將八萬四千衆前後圍遶,**往仙人鹿苑**,到世尊所。(姚秦佛陀耶舍共竺佛念等譯《四分律》)

從上面的例子中,我們可以看出,"入""至""往"等都可以帶終點賓語,而且其所帶終點賓語也都可以是表内裏意義的方位短語。既然如此,簡單根據是否帶終點賓語或是否帶表内裏意義的終點賓語來判定"進"[内行]意義的産生,就不免有些武斷,因爲我們還没有去檢驗[前行]義的"進"(就像"至""往"一樣)在中古時期是否也可以帶類似的終點賓語。而根據我們上面對例(83)—例(86)的分析,[前行]義的“進”在中古時期也可以帶終點背景賓語。因此,上述例(87)—例(90)中的“進”固然可以解爲[内行],但解爲[前行]亦無不可。比照“往/至＋$N_{終點}$”格式,我們可以將所有“進＋$N_{終點}$”中的“進”解爲[前行]義,整個格式的意義就是[向終點背景進發],而到達背景與否以及最終與背景形成何種空間構象關係都需要根據語境來確定。换句話説,在“進＋$N_{終點}$”所描述的位移事件中,一方面動體有時没有到達背景,如例(85)和例(86),有時則到達背景;另一方面,動體與背景有時形成包含關係,如例(87)—例(90),有時則形成其他空間構象關係,如例(83)和例(84)。因此,部分“進＋$N_{終點}$”格式表達出的[到達背景内部]的涵義,存在兩種分析的可能:或者是[到達背景内部]視爲語境臨時賦予的會話涵義,證據是該涵義通過變换語境可以取消;或者是認爲[到達背景内部]這一會話涵義通過不斷使用,已經規約固化到位移動詞“進”的詞義中。

這樣看來,[前行]義“進”及物化後形成的“進＋$N_{終點}$”格式當然不能作爲[内行]義“進”産生和成熟的標志。不過,這一格式却是滋生[内行]義“進”的重要土壤。隨着此類格式的重複使用,[到達背景内部]這一臨時會話涵義變成了“進＋$N_{終點}$”的格式義,再進而被分配到其中的“進”身上。

保守估計,到唐代,已經出現了[内行]義的“進”,例如:

(97) 每日六時常立參像,自問自答**入進殿中**。(唐釋道宣撰《續高僧傳》)

該例中先言“入”,後言“進”,其中的“進”只能解爲[内行],因爲如果“進”是[前行]義,按照時間臨摹原則,在和“入”構成連動結構時只能處於前位。與此同時,在唐代僧人義净的譯經中,“進”帶

終點賓語共5例[①],其中4例賓語的構成是"N+内/中",例如(譚代龍,2008:107):

(98) 至神祠處,**進其堂内**,入神背後一小穴中。(唐義净譯《根本説一切有部毗奈耶雜事》卷二十八,T24/343B)

(99) 爲持衣鉢,引**進房中**,授座令坐。(唐義净譯《根本薩婆多部律攝》卷十,T24/583B)

(100) 時莫訶羅稟性愚直,便携賊手,共**進房中**。(唐義净譯《根本説一切有部毗奈耶雜事》卷八,T23/666C)

(101) 又見婦人入寺,不**進房中**,廊下共語,暫時便去。(唐義净撰《南海寄歸内法傳》卷二,T54/213C)

這表明,在義净譯經中,"進"偏好帶表示[内裏]意義的終點賓語。根據這一點來看,此類格式中的"進"已經被重新分析成了[内行]意義。要更深入地理解這一點,我們不妨比較一下《搜神記》中"至""入"帶終點賓語的情况(只統計表達空間範疇的用法),如下:

表4-4 《搜神記》中"至""入"帶終點賓語的情况(單位:例)

	帶賓語總用例	N+内/中/間	N+外/下/上/前/後/旁/側
至	107	6	15
入	117	24	3

從上表我們可以看出,"至""入"雖然都可以帶"N+内/中"格式的賓語,但前者只是偶爾爲之,後者却是强烈偏好這一格式。相比之下,義净譯經中"進"帶終點賓語時,其表現更接近"入",而非"至"等其他位移動詞。因此,我們認爲,義净譯經"進+$N_{終點}$"中的"進"已經完成重新分析,獲得了[内行]義。

① 譚代龍(2008)列有6例"進+$N_{終點}$",但最後1例"進陛升階"中的"陛",我們認爲表達的是位移發生的處所(或經由的處所),而非位移的終點。

四、進一步的討論

最後還剩兩個問題需要作進一步的説明。第一個問題是，[内行]義的"進"爲何在《敦煌變文集》《祖堂集》《朱子語類》中没有用例？這應該跟文獻本身所反映的方言有關。我們在研究漢語歷時文獻時，經常需要注意文獻的區域性。從今天現代漢語方言來看，[内行]義的"進"也只是在某些方言中有體現。根據漢語方言大詞典(2387—2389)，以下部分方言有[内行]義的"進"：

進親(新娘進入夫家)　官話，貴州大方

進館(進入私塾或學校)　官話，江蘇南京

進門飯(入贅女婿在岳父家吃的第一頓飯)　官話，四川成都

進廚房(新媳婦第一次做飯)　官話，青海西寧

進子(收入)　吴語，浙江温嶺

進帳(收入、收賬)　吴語，上海；官話，江蘇徐州

進舍(入贅)　吴語，浙江温州

進墳(下葬)　吴語，浙江蒼南金鄉

進棺(入殮)　吴語，浙江金華

進用(收入)　贛語，江西耒陽

進坑(進山)　客家話，江西贛州蟠龍

進學(小孩入學)、進門歌(廚師端鷄進門時唱的歌)　客家話，江西瑞金

進槨(入殮)　閩語，福建厦門

進城繞部落(兜圈子，走彎路)　晉語，山西忻州

因此，《敦煌變文集》《祖堂集》《朱子語類》等近代文獻没有[内行]義的"進"，應該歸因爲方言因素，而不能據此否認唐代其他方言或共同語中已經出現[内行]義"進"的事實。

第二個問題是，爲何[内行]義的"進"唐代已經出現，可"退

進”“進出”之類的格式却要到明代才能看到。這關涉到我們怎麽看“退進”“進出”格式的意義。我們同意譚代龍(2008)的看法,新産生的表[内行]義的“進”跟老牌的“入”有一個競争和替换的過程:“退進”“進出”取代“退入”“出入”反映的是“進”替代“入”,成了表[内行]義的首選詞,因而這兩個格式不能作爲鑒定“進”産生[内行]義的形式手段。因此,“退進”“進出”出現在明代,只是表明“進”替代“入”的完成時期大致在明代。這跟唐代已經出現[内行]義“進”没有矛盾之處。

綜上,[前行]義“進”在中古經歷了及物化過程,凸顯了終點背景;與此同時,[前行]義“進”越來越多地用於表示動體向另一區域内背景移動的過程,移動的結果往往就是到達終點背景内部,因而前行事件和内行事件之間的因果關係在人們的認知中越來越强。結果,部分“進＋$N_{終點}$”語義上發生重新分析,[到達終點背景内部]這一原先由語用推理獲得的臨時會話涵義被規約内化到了動詞“進”上;至晚在唐代,已經出現了只能解爲[内行]義的“進”。根據“退進”“進出”格式的出現時間,我們推定:“進”取代“入”成爲表達[内行]義的首選詞,大致時間也是在明代。而唐宋時期一些文獻之所以没有出現[内行]義的“進”則跟文獻反映的方言有關,並不排斥當時其他方言存在[内行]義“進”的事實。

第三節　位移動詞“至、往”的及物化過程和機制

王力(2003[1989]:106—113)早已敏鋭地觀察到,“至(到達義)、往(由此地移向彼地義)”這兩個位移動詞(記爲 V_m)都經歷了一個及物化的過程,它們在先秦時期不能直接帶表終點處所的賓語(記爲 $O_{終點}$),但到六朝時却都可以構成“V_m＋$O_{終點}$”格式。我們擬對此

作進一步的探討：首先，通過量化統計確定“至、往”及物化的具體時間和過程；其次，運用 Talmy(2000)的位移事件詞化理論來分析兩者的及物化機制。[①]

一、“至”及物化過程的量化描寫

在“至+$O_{終點}$”興起之前，曾有過一段時間盛行過“至+介詞(記爲 P)+$O_{終點}$”，其中的介詞是“于”“於”和“乎”。總體來看，從上古到中古，“至+$O_{終點}$”在逐漸增加，而“至+P+$O_{終點}$”則在日益消亡，兩種格式呈現明顯的替代關係。

具體來看，在上古前期文獻[②]中，“至”作謂語的用例共計 346 例，其中“至+$O_{終點}$”極其罕見，僅有 4 例，而“至+P+$O_{終點}$”却用例頗多，高達 81 例，後者的用例數是前者的 20 倍。[③] 值得注意的

① 本部分曾以《位移動詞“至、往”的及物化過程及其機制》爲題，發表在《語言科學》2010 年第 2 期。此次又作了部分修改。

② 本部分量化統計的語料及其分期如下：上古前期文獻爲《左傳》《國語》和《論語》；上古中後期文獻爲《孟子》《莊子》《荀子》《韓非子》《吕氏春秋》《戰國策》和《史記》；中古前期(東漢)文獻爲東漢前期的《論衡》和東漢中後期翻譯的佛經；中古中期文獻爲三國西晉時翻譯的佛經；中古後期文獻爲《搜神記》《世説新語》和東晉南北朝時翻譯的佛經。其中，佛經語料的選擇和時代界定，依據的是荷蘭學者許理和《早期佛經中的口語成分——確定最佳源材料的嘗試》一文。該文已由朱冠明譯出，見於《〈摩訶僧祇律〉情態動詞研究》(中國戲劇出版社，北京，2008 年)一書的附録部分。

③ 殷周金文、《書》、《詩》中的“至”基本上也是不及物動詞。翻檢張亞初編著的《殷周金文集成引得》(中華書局，2001 年)，“至”作謂語句共 47 例，其中“至+P+$O_{終點}$”27 例，“至+$O_{終點}$”5 例(5 例均見於在河北平山縣中山國墓出土的戰國晚期銅板《兆域圖》，該拓本在《集成》第 16 册中的編號 10478)。《今文尚書》“至”作謂語句共 43 例，“至+P+$O_{終點}$”42 例，未見“至+$O_{終點}$”格式用例。《詩經》中“至”作謂語句共 26 例，“至+P+$O_{終點}$”10 例，“至+$O_{終點}$”2 例。殷墟甲骨刻辭的情況有些特别。翻檢姚孝遂主編的《殷墟甲骨刻辭類纂》(中華書局，1989 年)，“至”作謂語句約 152 例，所在小句出現終點賓語 86 例，其中“至+$O_{終點}$”49 例，“至+於+$O_{終點}$”37 例。從“至”來看，殷商語言與主要反映周語言特徵的金文、先秦傳世文獻有着明顯區别，這暗示我們商、周語言的區别可能比我們預想的要大得多；兩者語音、詞彙、語法等方面的差異還有待進一步研究和揭示。

是，在這4例"至＋$O_{終點}$"格式中，終點賓語都是指涉地點的專有名詞，例子如下：

(102) 公如晉，**至河**，乃復。(《左傳・昭公十二年》)

(103) 夏，楚公子慶、公孫寬追越師，**至冥**[1]，不及，乃還。(《左傳・哀公十九年》)

(104) 內史過從**至虢**，虢公亦使祝、史請土焉。(《國語・周語上》)

(105) 反**至五湖**，范蠡辭於王曰："君王勉之，臣不復入於越國矣。"(《國語・越語下》)

到上古中後期，"至＋$O_{終點}$"成了比"至＋P＋$O_{終點}$"更常用的格式，在"至"作謂語的1832例中，兩者用例數的比值爲4.38；而到東漢時期，"至＋P＋$O_{終點}$"已經衰微，基本退出了歷史舞臺，在"至"作謂語的563例中僅見9例，而"至＋$O_{終點}$"則高達281例，兩者用例數的比值爲31.22。相關統計如下[2]：

表4-5　上古文獻和中古文獻中的"至＋$O_{終點}$"和"至＋P＋$O_{終點}$"(單位：例)

	至＋$O_{終點}$(A式)	至＋P＋$O_{終點}$(B式)
上古前期	4	81
上古中後期	941	215
中古前期	281	9

進一步來看，"至＋$O_{終點}$"成爲比"至＋P＋$O_{終點}$"更常用格式的時期，大致是在戰國末期。在《孟子》《莊子》中，仍是"至＋P＋$O_{終點}$"更常見：《孟子》"至"作謂語的44例中，"至＋P＋$O_{終點}$"有

① 按，"冥"爲地名。

② 所有統計只涉及該位移動詞作謂語的用例，由該動詞構成的者字結構和所字結構均不統計。下同。

20 例，而"至＋$O_{終點}$"只有 3 例；《莊子》"至"作謂語的 49 例中，"至＋P＋$O_{終點}$"仍有 17 例，而"至＋$O_{終點}$"只有 9 例。可到了《荀子》《韓非子》《吕氏春秋》，就變成了"至＋$O_{終點}$"占優勢：三書"至"作謂語分别爲 65 例、92 例和 170 例，A 式與 B 式用例數的比值分别爲 1.2、2.67 和 1.36。至晚在西漢中期，"至＋$O_{終點}$"已上升爲主流格式：在《史記》"至"作謂語的 1269 例中，"至＋$O_{終點}$"有 798 例，是"至＋P＋$O_{終點}$"用例數的 6.23 倍。相關統計如下：

表 4－6　上古中後期文獻中的"至＋$O_{終點}$"和"至＋P＋$O_{終點}$"（單位：例）

	至＋$O_{終點}$（A 式）	至＋P＋$O_{終點}$（B 式）
《孟子》	3	20
《莊子》	9	17
《荀子》	6	5
《韓非子》	24	9
《吕氏春秋》	34	25
《史記》	798	128

綜上，上古前期，"至＋$O_{終點}$"格式處於萌芽階段，充其量還只能算是個人臨時的言語創新。經過戰國時期的發展，至晚到西漢中期，"至＋$O_{終點}$"的組合形式已經成爲社會普遍接受的語言規則，"至"相應也成了及物動詞。接下來，"至"原來的不及物用法迅速退出歷史舞臺；到東漢時期，"至＋P＋$O_{終點}$"基本上成了一種仿古格式。從這一過程來看，"至"成爲及物動詞的時間不是中古，至少應該提前到西漢中期。

二、"往"及物化過程的量化描寫

與"至"相比，"往"的及物化過程有兩點明顯的區别：一是在"往＋$O_{終點}$"的産生過程中，"往＋P＋$O_{終點}$"自始至終都用例稀少，從未興盛過；二是在“往＋$O_{終點}$”興盛之前，曾有段時間流行過“往＋V＋$O_{終點}$”，其中的“V”主要是“至”“入”“到”等位移動詞。

相應地，“往”字位移句也經歷了三個發展階段：第一個階段，“往”字位移句一般不出現表位移終點的成分；第二個階段，“往”字位移句經常出現表位移終點的成分，但大多作其他動詞的賓語，構成“往＋V＋$O_{終點}$”；第三個階段，“往”字位移句經常出現表位移終點的成分，並直接作“往”的賓語，構成“往＋$O_{終點}$”。下面分階段加以量化描寫。

(一) 第一階段：上古—東漢前期

在這一期間，終點成分在“往”字位移句中一般不出現：不管是“往＋P＋$O_{終點}$”和“往＋$O_{終點}$”，還是“往＋V＋P＋$O_{終點}$”和“往＋V＋$O_{終點}$”均很少見。[①] “往”作謂語的句子共計 803 例(其中上古文獻 767 例，《論衡》36 例)，而上述四種格式總計才 34 例，占作謂語總用例的 4.4%。其中，“往＋$O_{終點}$”僅 1 例。相關統計如下：

表 4－7　上古文獻和《論衡》中“往”與 $O_{終點}$ 的組配格式(單位：例)

	往＋$O_{終點}$	往＋P＋$O_{終點}$	往＋V＋$O_{終點}$	往＋V＋P＋$O_{終點}$
上古	1	16	8	9
《論衡》	0	0	2	0

① 殷墟甲骨刻辭、殷周金文、《今文尚書》、《詩經》中的“往”基本上也是不及物動詞。翻檢《殷墟甲骨刻辭類纂》，“往”作謂語句約 561 例，所在小句出現終點賓語 106 例，其中“往＋$O_{終點}$”8 例(7 例終點賓語爲方位詞)。翻檢《殷周金文集成引得》，位移動詞“往”很少見，僅 3 例，所在小句均不出現終點成分。《今文尚書》“往”作謂語共 26 例，所在小句只有 2 例出現終點賓語，分別爲“往＋$O_{終點}$”和“往＋P＋$O_{終點}$”格式；《詩經》“往”作謂語共 16 例，所在小句只有 1 例出現終點賓語，爲“往＋$O_{終點}$”格式。這 2 例“往＋$O_{終點}$”如下，《尚書・洛誥》：“如予惟以在周工，往新邑。”《詩・大雅・桑柔》：“靡所止疑，云徂何往？”

"往"字位移句之所以一般不出現表位移終點的成分,這與"往"本身的語義和語用特點有關。"往"表達的是遠離説話者的位移,這是它和"之、如、適"語義相同的部分;但同時,"往"所表位移的終點一般要求是聽者已知的信息,這是它和"之、如、適"語義有别的部分。正因爲如此,在句子層面,"往"字句一般不出現表位移終點的成分,而"之、如、適"後必須跟上終點賓語;在篇章層面,"往"字句一般不能作爲整個篇章的起始句,而"之、如、適"則可以。比較:

(106) 鄭伯有使公孫黑**如**楚,辭曰:"楚、鄭方惡,而使余<u>往</u>,是殺余也。"(《左傳·襄公二十九年》)

同樣是去往楚國這一位移行爲,篇章首句用"使公孫黑如楚"來引出位移終點,後文則改用"使余往"。這一對比十分清楚地顯示出"往"所表位移的終點,必須是已知信息。

具體來看,上古文獻中的 1 例"往＋$O_{終點}$"見於《吕氏春秋》,如下:

(107) 齊人有欲得金者,清旦被衣冠**往鬻金者之所**,見人操金,攫而奪之。(《吕氏春秋·去宥》)

(二) 第二階段:東漢中後期—西晉

在這一期間,"往＋V＋$O_{終點}$"迅猛增加。這一時期"往"作謂語句共計 486 例(其中東漢佛經 200 例,三國西晉佛經 286 例),其中:"往＋V＋$O_{終點}$"高達 207 例,占 42.6%;而"往＋$O_{終點}$"只有 11 例。至於"往＋V＋P＋$O_{終點}$"和"往＋P＋$O_{終點}$",則只是偶見,總共才 1 例。相關統計如下:

表 4－8　東漢和三國西晉佛經中,"往"與 $O_{終點}$ 的組配格式(單位:例)

	往＋$O_{終點}$	往＋P＋$O_{終點}$	往＋V＋$O_{終點}$	往＋V＋P＋$O_{終點}$
東漢佛經	2	1	93	0
三國西晉佛經	9	0	114	0

在“往＋V＋O$_{終點}$”格式中，“V”主要是“至”“入”“到”“詣”等位移動詞。例如：

(108) 俱**往至般若波羅蜜臺所**。（東漢支讖譯《道行般若經》）

(109) 弊魔復化作其師，被服**往到菩薩所**詭語。（東漢支讖譯《道行般若經》）

(110) **往入園**觀舍宅。（西晉法立、法炬譯《大樓炭經》）

“往＋V＋O$_{終點}$”的迅猛增加，得益於以下三個漢語史的歷時演變：一是連動式的長足發展；二是介詞“于、於、乎”的衰微；三是“之、如、適”等位移動詞的消亡。前兩個變化在《史記》中已經可以清楚地觀察到，詳細描述參見何樂士（2007［2005］：48、49、178—212）；最後一個變化則在《論衡》中體現得非常鮮明：“之、如、適”分別只有 12 例、0 例和 7 例，並且多是引述春秋戰國故事[①]；而“往”則高達 64 例。在前兩個演變的推動下，中古文獻出現了大量由多個位移動詞構成的連動句（崔達送，2005），其中當然也包括“往＋入＋O$_{終點}$”“往＋至＋O$_{終點}$”等格式的句子。再加上“之、如、適”的衰微，説話者在表達遠離説話者的位移事件時，如果想在同一小句中表達出位移終點，首選的格式只能是“往＋V＋O$_{終點}$”。結合這些漢語史背景，也就不難理解“往＋V＋O$_{終點}$”爲何一定要到中古才有可能興盛起來。

（三）第三階段：東晉南北朝

這一期間，“往＋O$_{終點}$”有長足發展，用例陡增。在我們統計的東晉南北朝佛經、《搜神記》和《世説新語》中，“往”作謂語分別爲 2861 例、92 例和 90 例，共計 3043 例，其中：“往＋O$_{終點}$”共計 1001 例，“往＋V＋O$_{終點}$”共計 403 例，前者是後者的 2.48 倍。其中“往＋O$_{終點}$”還可以進入連動句，形成“V(＋O)＋往＋O$_{終點}$”或

① 其中，尤以引述《左傳》《論語》和《禮記》居多。

“往＋$O_{終點}$＋V(＋O)”格式的句子。例如：

(111) 時諸比丘**往世尊所**……(姚秦佛陀耶舍共竺佛念等譯《四分律》)

(112) 王長史爲中書郎,**往敬和許**。(《世説新語・容止》)

(113) 即以神足力飛**往佛所**。(姚秦佛陀耶舍共竺佛念等譯《四分律》)

(114) 於是王右軍**往謝家看新婦**,猶有恢之遺法,威儀端詳,容傒光整。(《世説新語・方正》)

至於“往＋V＋P＋$O_{終點}$”和“往＋P＋$O_{終點}$”,則只是偶見,總共才 2 例。相關統計如下：

表 4－9　中古後期文獻中“往”與 $O_{終點}$ 的組配格式(單位:例)

	往＋$O_{終點}$	往＋P＋$O_{終點}$	往＋V＋$O_{終點}$	往＋V＋P＋$O_{終點}$
東晉南北朝佛經	966	0	402	0
《搜神記》	7	0	1	2
《世説新語》	28	0	0	0

三、“至”及物化機制的理論分析

“至＋$O_{終點}$”和“至＋P＋$O_{終點}$”句法上的唯一差異在於,終點背景賓語和位移動詞之間是否有介詞,而所表達的語義總和没有差異：

句法組合：至＋NP;至＋P(于、於、乎)＋NP

語義組合：[位移]＋[到達]＋[背景]＝[位移]＋[到達]＋處所標記＋[背景]

比較：

(115) 楚王急召太子。楚國之法,**車不得至於茆門**。天雨,廷中有潦,太子遂**驅車至於茆門**。廷理曰:“**車不得至茆門**,非法也。”太子曰:“王召急,不得須無潦。”遂驅之,廷理舉殳而擊其馬,敗其駕。太子入爲王泣曰:"廷中多潦,**驅車至茆門**,廷理曰非法也,舉殳擊臣馬,敗臣駕,王必誅之。"(《韓非子·外儲説右上》)

在例(115)中,"車不得至茆門,非法也"句,是"楚國之法,車不得至於茆門"句的同義替换;其中前者用"至茆門",後者用"至於茆門"。"廷中多潦,驅車至茆門"句是"廷中有潦,太子遂驅車至於茆門"的同義替换,其中前者用"至茆門",後者用"至於茆門"。"至茆門"和"至於茆門"的整個語義等同,都是[位移到茆門],只是後者還用介詞來標明"茆門"所指是處所。顯然,從表達的經濟原則來看,"至於茆門"中的"於"實際上是個羨餘成分,因爲"茆門"本身就是一個處所名詞,無需格外標記其處所性質。隨着"于、於、乎"這些羨餘介詞的不斷脱落,"至＋P＋$O_{終點}$"也在逐漸減少,而"至＋$O_{終點}$"則在不斷增加。介詞脱落是一個漸變的長期過程,所以"至＋$O_{終點}$"的産生過程也很漫長:萌芽於上古前期,到西漢中期才成爲主流格式。[1]

四、"往"及物化機制的理論分析

與"至"相比,"往"的及物化過程中有個"往＋$O_{終點}$"用例陡增的突變階段。而在整個過程中,"往＋P＋$O_{終點}$"自始至終都非常罕見。這説明,"往＋$O_{終點}$"不可能是介詞脱落這種漸變式演變的産物。

---

① "至"的這一演變不是孤例。事實上,羨餘介詞的脱落,並不僅限於"$V_{位移}$＋P＋$O_{終點}$"這一格式,其他方所賓語(如在點賓語、經點賓語、起點賓語)前的介詞也存在類似的脱落過程(方平權,2000;仇偉,2006);而且,一些雙賓語結構的産生也與羨餘介詞的脱落密切相關(邵永海,1990)。因此,"至"的這一變化實際上是漢語史動詞及物化(包括雙及物化)大潮的一個微觀例子而已,而這一大潮背後的主要動因則是動詞後"於"等羨餘介詞的脱落。無獨有偶,英語中有些不及物位移動詞的及物化,也是由於介詞的脱落,參見 Rissanen (2002:253—255)。

在第二小節的量化統計中，我們已經看到：東晉南北朝時期，“往＋$O_{終點}$”用例陡增。從春秋末期到西晉的將近一千年裏，“往＋$O_{終點}$”總共只有12例，占作謂語總用例（1289例）的0.9%；而在東晉南北朝這短短的兩三百年間，“往＋$O_{終點}$”却高達1001例，占作謂語總用例（3043例）的32.9%。這表明，“往”在東晉南北朝已經基本完成及物化過程。

而在“往＋$O_{終點}$”用例猛增之前，“往”有段時間經常和“至/到”等及物性位移動詞連用，構成“往＋V＋$O_{終點}$”（參見例108—例110）。這些句子實際上存在兩種分析的可能，第一種是舊的分析，將上述句子分析成“往＋（V＋$O_{終點}$）”，其中的$O_{終點}$由V支配，“往”是不及物動詞；第二種是新的分析，將上述句子分析成“（往＋V）＋$O_{終點}$”，其中的$O_{終點}$是“往”和V共同支配的賓語，“往”則成了及物動詞。這兩種分析都可以在原有的語法格式中找到參考。前者可參照的格式如例（116），後者可參照的格式如例（117）。

（116）子貢因<u>去之晉</u>，謂晉君曰……（《史記·仲尼弟子列傳》）

（117）燕兵獨追北，<u>入至臨淄</u>，盡取齊寶，燒其宮室宗廟。（《史記·燕召公世家》）

在《史記》中，表離開義的“去”與表“往到”義的“之”不能共用終點背景賓語，因爲“去”編碼[離開]向量，當時只能帶起始背景賓語，故而例（116）只能分析成“去＋之晉”。而“入”和“至”都編碼了[到達]向量，並且在《史記》時期都已經可以直接帶終點背景賓語，故而例（117）的結構是“入至＋臨淄”。①

① “往＋V＋$O_{終點}$”的新分析之所以占優勢，與“$V_{位移}$（＋$O_{起點}$）＋V＋$O_{終點}$”之類格式的衰微密切相關。僅以“去”爲例，我們可以對比一下《史記》和《論衡》的情況：前者“去（＋$O_{起點}$）＋V＋$O_{終點}$”有27例，而後者僅有3例。非但如此，後者由於受前者的類推作用，其中的“去”反而被重新識解，獲得了“往”義。對此，胡敕瑞（2006）有詳細論證，兹不贅述。

正是通過對“往＋V＋$O_{終點}$”這一常用格式的重新分析，“往”才突然由不及物動詞變爲及物動詞。接着便是重新分析的具體實現過程，開始出現大量“往＋$O_{終點}$”。從用例數來看，這一重新分析發生在東漢末至西晉期間，此時的“往＋V＋$O_{終點}$”存在兩種分析可能，“往＋$O_{終點}$”因而仍不多見。到東晉南北朝時，這一重新分析已經基本實現和固定下來，“往＋$O_{終點}$”的數量因而出現了明顯的增加。

這裏有一個問題還需要作進一步的探討，那就是：“往”的及物用法爲何會由“往＋V＋$O_{終點}$”句式擴展到“往＋$O_{終點}$”句式？從用例看來，這個擴展過程與兩個句式的語義和表達效果密切相關。

“往＋V＋$O_{終點}$”句式的語義在西晉左右有一個很微妙的變化。該句式在西晉前一直是表達“前往並且到達終點”的意思。可到西晉時，此句式的有些用例却只是表達“前往終點”的趨嚮性過程，實際上並沒有真正到達終點。我們用“至”來説明這個問題。例如：

(118) 世尊便**往彼所**①，時有衆人擔薪負草及耕田人、有行路人詣世尊所，語世尊言：“……”時世尊遂便前行無退轉意。時鴦崛髻遥見世尊來，見已便作是念：“……然此沙門獨來無伴，我今當取殺之。”時鴦崛髻即拔腰劍**往至世尊所**，時世尊遥見鴦崛髻來便復道還。時鴦崛髻走逐世尊，盡其力勢欲及世尊，然不能及。（西晉法炬譯《佛説鴦崛髻經》）

上例所説故事的大概内容是，世尊聽説鴦崛髻殺人並取人手指頭當髮髻的惡事之後，就決定前往鴦崛髻所在的地方（“彼所”）。有

① 按，“彼”指“鴦崛髻”。

人趕忙來勸世尊不要單獨去,但世尊還是毅然前往。鴦崛髻見世尊前來,就拔劍奔過去;世尊見勢就轉身往回走。在這段敘述中,“往至世尊所”根據文意(一直没有追趕上)來看,只是表達了“前往世尊所在地”的意思,並没有真的抵達。如此看來,其中的“至”,“到達”語義已不存在。有時,説話者在用了“往＋至＋$O_{終點}$”格式之後,還會特意用其他詞語(如例 119 的“到已”)來點明抵達終點的事情;這更説明其中的“至”已經是語義羨餘成分。

(119) 時波斯匿王,便**往至鴦崛髻所**;**到已**,頭面禮足在一面立。(西晉法炬譯《佛説鴦崛髻經》)

“往＋V＋$O_{終點}$”用於表達前往終點的意思時,“至”等動詞在語義上已是羨餘成分,再加上“往”通過重新分析已經在語法上獲得了及物動詞的資格,於是“往＋$O_{終點}$”格式就應運而生了。新生的“往＋$O_{終點}$”句式,只表達“前往終點”的位移過程,至於是否真正抵達終點則需要根據具體語境來確定。比如例(119)—例(121)的“往＋$O_{終點}$”,根據語境來看表達的都是前往但還没有抵達的位移動作;而例(122)的“往世尊所”根據語境則前往並且抵達了目的地。

(120) 時跋難陀釋子在拘薩羅國道路行,**往一無住處村**。**至村中已**,持生薑易食;食已,去。(姚秦佛陀耶舍共竺佛念等譯《四分律》)

(121) 時有比丘,晝日**往阿蘭若處**。有賊系牛在樹,牛見比丘泣淚。比丘慈念,便解放去。(姚秦佛陀耶舍共竺佛念等譯《四分律》)

(122) 呵責廣説如上已,**往世尊所**,頭面禮足在一面坐。(姚秦佛陀耶舍共竺佛念等譯《四分律》)

因此,説話者用“往＋$O_{終點}$”句式時,有時也會通過其他詞語來點明抵達終點的事實。比較:

(123) 汝指鬘[1]，**往彼女人所**，便語彼女人言："諸聖所生，我從聖生以來不自憶殺害衆生命。"(西晉法炬譯《佛説鴦崛髻經》)

(124) **往彼女人所**，**到已**，語彼女人言："我從聖生以來，未曾憶殺害衆生。"(西晉法炬譯《佛説鴦崛髻經》)

(125) 漸**往至彼女人所**，**到已**，語女人言："我自從聖生，不自憶殺害一人命。"(西晉法炬譯《佛説鴦崛髻經》)

對比例(123)和例(124)，"往彼女人所"和"往至彼女人所"都没有對"抵達終點與否"作出説明，因而都可以後接"到已"來點明抵達終點的事實。對比例(123)和例(125)，"往彼女人所"在缺省情況下就是前往並且到達終點的意思。如此，"往＋$O_{終點}$"和"往＋V＋$O_{終點}$"的表達效果也就没有多大差别了。比較：

(126) 諸比丘**往至世尊所**，頭面禮足在一面坐。(姚秦佛陀耶舍共竺佛念等譯《四分律》)

(127) 諸比丘**往世尊所**，頭面禮足在一面坐。(姚秦佛陀耶舍共竺佛念等譯《四分律》)

綜上，"往＋$O_{終點}$"一產生就與"往＋V＋$O_{終點}$"展開了競争，兩者在語義和表達效果上很接近，基本可以自由替换。最終，出於表達的經濟原則，"往＋$O_{終點}$"在東晉南北朝成了優勢格式，而"往＋V＋$O_{終點}$"則迅速衰微。

五、小結

通過上述描寫和分析，我們認爲"至"和"往"的及物化過程和機制均明顯不同。"至"通過"至＋P＋$O_{終點}$"格式脱落羡餘介詞而成爲及物動詞，這是一個漸變的漫長過程，萌芽於春秋戰國之

---

① 按，"指鬘"是"鴦崛鬘"的又名。

交，到西漢中期基本完成；在及物化之前，曾興盛過"至＋P＋$O_{終點}$"格式，整個及物化過程就是一個"至＋$O_{終點}$"逐漸替代"至＋P＋$O_{終點}$"的過程。

"往"則通過"往＋V＋$O_{終點}$"格式的重新分析而突然成了及物動詞：該格式由分析爲"往＋（V＋$O_{終點}$）"變爲分析成"（往＋V）＋$O_{終點}$"。這一重新分析大致發生在東漢末至西晉期間，至東晉南北朝時基本實現，因而出現了"往＋$O_{終點}$"突然猛增的現象。該重新分析的前提條件是"往＋V＋$O_{終點}$"格式的興盛和高頻使用；這一條件的滿足得益於連動句的長足發展，介詞"于、於、乎"的衰微，以及"之、如、適"的消亡。由此也可以看到，漢語史的演變具有系統性，有些早先的演變往往是後續演變的動因或前提。

事實上，漢語史中有很多位移動詞都經歷了類似的及物化過程，如，"入、出、來、去$_{(前往)}$、進$_{(前進)}$"等，其中"入、出"的及物化機制與"至"相同，"來、去$_{(前往)}$、進$_{(前進)}$"則與"往"相同（"去$_{(前往)}$、進$_{(前進)}$"及物化情況參見本章第一節和第二節）。

第四節　後置方位詞的使用

在上一章中，我們已經論證過：在後置方位詞興盛之前，介詞"于、於、乎"已經開始脱落；並且上古時期，後置方位詞的使用頻次並不高。而在本章第三節，我們又以位移動詞"至"爲個案，説明介詞"于、於、乎"的脱落本質上是因爲這些介詞是處所格標記，因而當它們後面跟上處所名詞時就會成爲羨餘成分。本部分我們將進一步探討後置方位詞的使用。

一、後置方位詞的使用頻次明顯提高

到了中古時期，人們在表達位移事件時，動用後置方位詞的

頻次有明顯提高。我們可以用“投”“至”“入”來加以證明。先看“投”的情況:

表 4-10 “投(扔、跳)”字句後置方位詞的隱現情況(單位:例)

	《左傳》	《吕覽》	《史記》	《論衡》	《搜神記》	《世説新語》
投(+$N_{凸}$)+(P)$N_{終點}$	4	13	7	15	2	3
投(+$N_{凸}$)+(P)$N_{終點}$+L	4	4	7	2	15	0

從上表來看,在中古前期的《論衡》中,終點背景以不用方位詞標記爲主;而到了中古後期的《搜神記》中,終點背景則以用方位詞標記爲主,整個逆轉了過來。

再看“至”的情況。在 14 部上古傳世文獻中,“至”後出現終點成分的小句共 1232 例,其中出現後置方位詞者 51 例,占 4.14%。而在中古《搜神記》《世説新語》中,“至”後出現終點成分的小句共 189 例,其中出現後置方位詞者 35 例,占 18.52%。

再看“入”的情況。在 14 部上古傳世文獻中,“入”後出現終點成分的小句共 1096 例,其中出現後置方位詞者 41 例,占 3.74%。而在中古《搜神記》《世説新語》中,“入”後出現終點成分的小句共 104 例,其中出現後置方位詞者 30 例,占 28.85%。

綜上,到了中古時期,人們越來越多地運用後置方位詞來細化位移時動體與背景的具體配位。但是,從總體上看,還是以不使用後置方位詞的情況居多。

二、後置方位詞的强制程度

在第二章中,我們根據移動性,將實體分成以下四類:自控移動體、自動移動體、他控移動體和不易動實體。就中古時期而言,四類實體添加後置方位詞,總體上還是出於細化具體方位的語用目的，在句法層面並沒有多大的强制性。我們統計了《搜神記》中背景爲江河、山丘、樹木、井臺、堂室、舟車、杯盤、牀几、口耳、牛馬時的位移句，結果如下：

表 4－11　《搜神記》中位移事件表達中各類背景使用後置方位詞的情況(單位:例)

	江河	山丘	樹木	井臺	堂室	舟車	杯盤	牀几	口耳	牛馬
用後置方位詞	17	8	12	8	12	9	1	1	3	3
不用後置方位詞	35	22	5	10	5	18	0	1	2	6

表 4－12　《世説新語》中位移事件表達中各類背景使用後置方位詞的情況(單位:例)

	江河	山丘	樹木	井臺	堂室	舟車	杯盤	牀几	口耳	牛馬
用後置方位詞	6	1	0	0	1	1	1	5	0	1
不用後置方位詞	35	8	0	4	4	15	0	8	0	2

值得注意的是，同爲不易動實體，樹木比江河、山丘更傾向於添加後置方位詞；同爲他控移動體，牀几比舟車更傾向於添加後置方位詞。另外，同爲自動移動體，牛作背景的 3 例均添加了後置方位詞，而馬作背景的 9 例中只有 2 例添加了後置方位詞。

不過，有些背景爲人的用例中，後置方位詞的添加有一定的强制性；如果不添加後置方位詞，則需要在背景名詞後面添加“所、許”等標識處所的詞。比較：

(128) 談未竟，而部郡忽起至應背後。應乃迴顧，以刀逆擊，中之。(《搜神記》卷十八)

(129) a. 馬既承此言，乃絶韁而去，徑至父所。(《搜神記》卷十四)

b. 王司州嘗乘雪往王螭許。(《世説新語・忿狷》)

例(128)和例(129)中，添加方位詞“背後”跟“所、許”有共同的作用，就是將原先處所性比較低的指人名詞轉變爲處所短語，區別僅僅在於前者同時還能進一步細化動體和背景爲位移過程中所形成的具體空間配位。人作位移事件的背景，之所以需要後置方位詞或“所、許”來標識，是因爲其易動性越高，空間位置最爲變動不居，因而處所性越低。相應地，江河、山丘之所以經常不用後置方位詞來標記，是因爲它們本身固定在地面上，空間位置最爲穩定，處所性最高。相對於江河、山丘，樹木則以用後置方位詞標記爲主，這是因爲它們本身形狀較小，人們不大傾向於將之識解爲處所實體。這一點在下例中表現得尤其明顯：

(130) 使人欲至木所，忽空中有一青衣小兒來，問使曰……（《搜神記》卷十八）

背景賓語“木”後面添加有標識處所的“所”。[①]

同時，我們也注意到，後置方位詞的强制性還跟動體與背景在位移中所形成的具體構象有一定關係。在馬爲背景的 9 例中，没有添加方位詞的 7 例中動體和背景之間的構象均爲接觸關係，且均用於表達上移或下移事件（如例 131）；添加方位詞的 2 例則爲非接觸關係（例 132）。比較：

(131) a. 去二十餘年，嘗有人乘馬東行，經老君祠而不**下馬**，未達橋，墜馬死者否？（《搜神記》卷十五）

b. 人遂驚懼，**墮馬**。（《搜神記》卷十七）

(132) a. 魏黄初中，頓丘界有人騎馬夜行，見道中有一物，大如兔，兩眼如鏡，**跳躍馬**前，令不得前。（《搜神記》卷十七）

b. 須臾，馬忽自門外走還，**至馬尸**間便滅，應時能動，

---

① 在《游仙窟》《大唐西域記》《神會語録》《敦煌變文集新書》《祖堂集》五種隋唐五代文獻中，樹木充當位移事件背景共有 9 例，其中 7 例添加了後置方位詞，1 例添加了“所”。這説明在人們的認識中，樹木的處所性的確很低。

起行。(《搜神記》卷二)

同樣的情況也見於背景爲舟、車、井時:當動體跟背景没有接觸時,一律添加後置方位詞,如例(133);有接觸時,添加與否則是可選的,如例(134)。比較:

(133) 即掘出之,已活,**走至井**上浴,平復如故。(《搜神記》卷十五)

(134) 又以數十錢,使人散**投井**中,玄以一器於井上呼之,錢一一飛**從井出**。(《搜神記》卷一)

綜上,中古時期,後置方位詞使用總體上還是受語用驅動爲主,但有時也有一定的句法强制性:一方面背景處所性越低,後置方位詞標記越具有句法强制性;另一方面動體和背景位移過程中没有形成接觸關係,也越傾向於强制添加後置方位詞。

結束語

至此,我們一方面在共時層面依據 14 部上古傳世文獻對上古漢語位移事件的詞化模式進行了描寫和分析,其内容包括詞義層面位移成分的編碼機制(第一章、第二章)以及句法層面位移詞語的配位規則(第三章);另一方面,我們還從歷時角度以個案討論的方式,描寫和分析了上古漢語位移事件詞化模式的歷史演變,同樣包括詞義和句法兩個層面(第四章)。通過上述考察,我們的主要結論是:

首先,就詞義層面位移成分的編碼機制而言,上古漢語的位移動詞與現代漢語相比,在概念層面更爲精細,在語義層面含有更爲豐富的語義成分。然而語義在詞彙層面達到如此程度的區别顯然不够經濟。隨着人們根據隱喻機制,不斷把詞運用到相似的新環境中,詞義開始不斷泛化,最終導致詞義特點的臨時淡化或長久遺忘。

而在[動體]、[背景]、[方式]、[路徑]四個語義成分中,最容易發生泛化的是[動體],第二是[背景],第三是[方式],最不容易發生泛化的則是[路徑]。正因爲[路徑]是最能保留下來的語義成分,所以將那些既編碼了[路徑]同時又編碼了[動體]、[背景]或[方式]的位移動詞歸入路徑動詞是恰當的。同理,將那些編碼了[方式]同時又編碼了[動體]或[背景]的位移動詞歸入方式動詞也是恰當的。而那些一開始只編碼[動體]或(和)[背景]的位移動詞，在語義泛化後能保留下來的一般是跟原先動體或背景類型密切相關的位移方式；因此，這些動詞也可以歸入方式動詞。綜上，我們可以把位移動詞分類如下：

- 位移動詞
  - 路徑動詞
    - 純粹的路徑動詞：[位移＋路徑]，如："去""上"
    - 不純粹的路徑動詞：[位移＋路徑＋動體/背景/方式]，如："逸""陟"
  - 方式動詞
    - 純粹的方式動詞：[位移＋方式]，如："徜徉"
    - 不純粹的方式動詞：[位移＋方式＋動體/背景]，如："翔""騁"
[位移＋動體/背景]，如："飛""游"

其次，就句法層面位移詞語的配位規則而言，我們分別對[動體]、[背景]、[方式]、[路徑]的句法實現方式進行了描寫與分析。其中[動體]與[背景]（在致移事件中還出現致事）遵從施動性和關注度兩個指標形成了語義角色上的優先序列（致事＞動體＞背景），反映在句法位置上則是：在無標記情況下，優先級別越高的語義角色，占據更爲凸顯的句法位置（在主賓格語言中，句法位置的凸顯程度可概括爲主語＞主要賓語＞次要賓語＞旁語）。當然，在信息編碼原則和受影響度原則的作用下，也會形成[動體]和[背景]有標記的配位格式，不可一概而論。

與位移事件相關的[方式]可具體分爲[移動方式]、[致使方式]、[存在方式]三種，其中[移動方式]主要由詞化了方式的位移動詞來表達，但有時也可以由居於左側旁語位置的副詞等來表達。而[致使方式]和[存在方式]只見於致移事件，兩者均由謂語動詞來表達，該謂語動詞多爲放置類和姿勢類動詞。

至於[路徑]的句法實現情況，簡而言之，[指示]、[配置]、[方嚮]、[向量]這四種屬於[路徑]的語義成分在句法層面都有兩種可以獨立使用的表達手段。並且這兩種手段有時可以兼而用之，從而形成雙重標記格局。需要着重指出的是，介詞"于、於、乎"只是不標明任何向量類型的處所格標記，它們在後置方位詞興盛之前就已經開始脱落。具體到“V_m＋于/於/乎＋$N_{背景}$”格式中，我們看到：若 V_m 爲路徑動詞，$N_{背景}$所指解讀爲終點的可能性最大；若 V_m 爲方式動詞，$N_{背景}$所指解讀爲在點的可能性最大。這就是説，路徑動詞和方式動詞兩個語義類在句法層面也相應呈現出了不同的表現。

最後，就上古漢語位移事件詞化模式的歷史演變而言，從上古到中古，表達位移成分的詞正處於新老更替階段，包括舊詞的直接消亡、舊詞引申出新義、舊詞雙音化以及新興詞語成爲更爲常用的表達方式。而整體上最明顯的變化趨勢可概括爲位移動詞所詞化的位移成分越來越少：編碼層面越精細的動詞越容易發生詞義泛化；編碼層面越粗略的動詞則越容易成爲高頻詞。因此，位移動詞也有一個從綜合到分析的語義演變趨勢。位移動詞所編碼位移成分的減少，促進了句法層面的複雜化。一方面導致原先單個位移動詞就能表達的内容改而用短語形式來表達，另一方面導致有些位移動詞喪失[移動]這一位移成分後因其在連動結構中的句法位置不同而逐漸演變爲副詞、介詞或時體助詞：在連動結構單核化方嚮發展過程中，前位位移動詞容易演變爲狀語位置的副詞（如“徒”），後位位移動詞則易虚化爲趨嚮補語（如“上”“來”）。如此一來，詞義和句法兩個層面的互動——詞義層面儘可能讓每一個位移動詞少編碼些位移成分；句法層面儘可能讓每一種位移成分由不同的詞來表達——導致了漢語位移事件詞化模式的類型演變。

Talmy 前期以位移動詞爲中心，把語言分爲三類：位移動詞以[位移＋方式]編碼模式爲主的方式類語言（manner-type language），位移動詞以[位移＋路徑]編碼模式爲主的路徑類語言（path-type language），以及位移動詞以[位移＋動體]編碼模式爲主的動體類語言（figure-type language）。但運用如此分類的必要前提是該語言的[路徑]和[方式]一般分别編碼在不同的位移動詞中,而根據我們對於上古漢語位移成分的編碼機制的描寫來看(第一章、第二章),上古漢語的路徑動詞雖然數量繁多,但大多數同時還編碼了[方式];而如果只比較純粹的路徑動詞和純粹的方式動詞,兩者在數量上並沒有多少差異。因此,我們認爲:Talmy 的前期分類並不適用於上古漢語這種大量存在同時編碼[路徑]和[方式]位移動詞的語言。

Talmy 後期以位移事件核心成分[路徑]爲中心,把語言分爲兩類:一類傾向於由小句主要動詞或動詞詞根表達,稱爲動詞構架語言(verb-framed language);另一類則傾向於用小品詞、介詞、動詞詞綴等主要動詞的附屬成分來表達,稱爲附加語構架語言(satellite-framed language)。根據我們對位移事件中路徑的句法實現方式的描寫(第三章),不管是指示、構象、方嚮還是向量,主要動用的都是位移動詞;也就是説,位移動詞是路徑表達的主要手段。據此而言,上古漢語應該歸入動詞構架類語言。

而詞化模式的歷史演變顯示(第四章),在位移事件中構成路徑的四種語義成分在句法層面發生了細化分工的趨勢:[向量]主要由介詞來表達,[配置]主要由後置方位詞來表達,[方嚮]則主要由趨嚮補語來表達。在這一分工格局的形成過程中,[路徑]表達的主要手段不再是充當小句核心的位移動詞,而是介詞、後置方位詞、作補語的趨嚮動詞等非核心成分。根據這一點來看,漢語位移事件詞化模式的確有一個從動詞構架轉向附加語構架的過程;而在這期間,自然會有一個兩種詞化模式都很常見的並立階段。

在開展上述研究時,我們注意到方位詞的强制使用與名詞的語義類别密切相關,這引發我們思考實體名詞與處所名詞的區分問題,而這恰好在語義上與位移實體的[可移動性]密切相關,在語法上又與指示代詞"之、焉"的混同存在關聯。因此,從方位詞的隱現出發,後續可以對位移事件[凸體][背景]兩種語義成分開展更爲深入的研究。與此同時,我們也注意到位移事件與居止事件的密切關聯,這兩類事件應該有很多共同之處,當然也會有一定的區别,後續對兩者語義—句法開展描寫和分析,也應該是一件有意義的事情。還有就是,在語料分析之前,按照語體對語料進行更爲細緻的分類,也顯得越來越重要;對比同一題材不同時代文本的叙事變化,也有助於更爲直觀地觀察漢語位移事件詞化模式的變化。此外,唐宋以來漢語位移事件詞化模式具體如何,也有必要加以系統分析。以上都是我們有興趣進一步開展的研究課題。

後　記

這本書的底稿是2008—2011年在北京師範大學文學院博士後流動站期間所撰寫的博士後出站報告。這篇後記的底稿則是出站報告的致謝。不得不承認,相比於正文,致謝部分的改動幅度要遠遠大得多。這在某種意義上表明,我這十多年對於該議題的探索,並没有預想中那樣順利。因爲各種原因,新議題不時穿插進來,期間雖然時不時仍在思考漢語的位移事件和空間表達,但終究没能集中精力付諸筆端。

换個角度看,出站後在中國人民大學國學院的這十幾年科研教學工作,因爲學術視角和人生閲歷的增加,自身對中國語言文字學也多了幾分新的理解。一方面,當然是更加堅信傳統小學與現代語言學的有機結合,是研究中國古代語言文字的正途;正是基於這一認識,擱置了十多年的這本小書,自認爲還是有些可讀之處。當然,經過這些年的學習和思考,再反觀這本小書,無論是材料處理還是理論分析,也都有很多自己不大滿意的地方。我想,這些改進的落實,足以激勵自己以後再續寫一部專著。另一方面,與學院内文獻學、古代史、考古學、古代文學、古代哲學、經學史、西域歷史語言學諸領域同事的學術交流,開始讓我去思考中國語言文字學的邊界問題,以及該學科對於其他人文學科的輻射能力。我想,要是我們在研究中國語言文字時,多關注一下其他學科的問題意識和分析方法,不僅可以讓學界對於中國語言文字學的價值有更多的認同，中國語言文字學也才有可能有某種領先科學的意味，同時還能根植中國自身的語言文字問題。由此出發，這本小書所研究的位移事件，除了從認知心理學角度來努力揭示跨語言的共性和個性，或許還可以嘗試進而結合歷史文化語境，從文體學和修辭學角度進行更爲細緻的分析，深入挖掘一時一地乃至一人的微妙特性。特别是對於以衍生性和互文性爲突出特點的中國古代經典，更是值得綜合運用語言文字學多學科知識來加以深入分析，從多個角度回應其他人文學科提出的問題。這些積極回應，反過來也能促進中國語言文字研究自身的學術境界。

看着書稿，不時回想起過去。轉眼之間，十多年已經過去，恍如隔世。想起自己爲何會去北師大做博士後，因爲博士導師殷國光教授希望我以後在研究漢語歷史語法時，文獻功底能够更加扎實。正是有殷老師的積極聯繫，我才有幸一畢業就進師大跟隨李國英教授學習文字訓詁之學。

在師大期間，也從李老師身上學到了很多東西。李老師明辨慎思，言傳身教，讓我堅信堅實的理論建構必須基於精細的材料爬梳，否則就是沙中建房，勞而無功。這本小書算是一個嘗試。它的寫成，首先要特别感謝李老師的悉心指導。不管是材料處理還是理論架構，李老師都給出了許多非常有價值的意見。而且，他還曾專門講了《段注》中止部、辵部、走部等多個跟位移動詞密切相關的部首，讓我領會如何將當代詞義學和傳統小學結合起來；又讓我參加了字條編寫工作，積累處理字際關係的經驗。李老師在不動聲色之中，幫了我如此之多，我將終身銘記。這種潤物細無聲的教導方式，成了我在自身教學生涯中不斷努力學習和踐行的内容。

其次，要藉此機會感謝王寧老師。王老師的“漢語詞義學”和幾次談話,讓我受益匪淺,使我領會到漢語詞義本身所獨有的民族性和獨特性。在今天躁動喧囂的語言學界,王老師的"疾虛妄""重傳統"之舉,使我這個後學不至於迷失於照搬西學的迷宫之中。在我找工作期間,王老師也曾給予了關心和幫助,在此也致以謝意。

再次,要感謝李運富、王立軍、周曉文、齊元濤等諸位老師在開題時所給予的寶貴意見。也要感謝麗群、建鈺、承慈、寧静等師弟師妹們,謝謝你們給予的幫助和支持。還要感謝張沐、孫州、高藝鵬、姬越諸位學友,幫忙改正了書稿中不少錯漏之處。

最後,我要特别感謝我的恩師殷國光教授。這二十年來,殷老師一直手把手地教我怎麽做人、怎麽做學問。在這期間,也讓殷師母費心了不少,心中頗爲愧疚,在此也道上一聲"謝謝"。博士期間,殷老師帶着我做課題,至今還記得那篇改了十幾遍才拿出去發表的文章;畢業時,又送我去師大繼續學習,至今還記得跟我第一次提及做博士後的那個中午。博士後期間,殷老師也一直關心着我的學習和生活。而在我最絶望無助的時候,還是一如既往地支持着我。電話,一個又一個;E-mail,一封又一封……"盡人事,聽天命。"正是老師這句話鼓勵我積極地面對一切。幾多憂愁,幾多歡樂;終於守得雲開,走出了最低谷。這些栽培造就之恩,都是决不能忘記的。

也想藉這個機會,向一直默默關心支持我的家人道聲"謝謝"。十八歲離家求學,與父母相聚甚少;婚後在京生活,與岳父、岳母也見面不多;最近幾年,陪妻兒也少了。長輩們臉上的滄桑,女兒偶爾的低聲牢騷,還有妻子疲憊的身影,雖然心知肚明,但却没能更多地去彌補。這大概就是人到中年的某種無力之感吧。不過,正是因爲有你們的信任,加上師友們的支持和鼓勵,才敢保有生活所需的那一份韌性。經常會提醒自己,是否在某些時刻、某些事情上忘記了那一份珍貴的感恩之心,是否因爲各種挫折而失却了那份不可或缺的人情味。在坎坷之中,可以猶豫,可以徘徊,但決不能失去了做人的原則和做事的分寸,如是方不負親人師友的厚望。

華建光

2023 年 10 月 28 日於人大國學館

主要語料文獻

《尚書今古文注疏》(今文部分),孫星衍撰,中華書局,2004。(簡稱《書》)

《毛詩正義》,李學勤主編,北京大學出版社,1999。(簡稱《詩》)

《春秋左傳注》,楊伯峻撰,中華書局,1981。(簡稱《左傳》)

《國語集解》,徐元誥撰,中華書局,2002。(簡稱《國語》)

《論語譯注》,楊伯峻撰,中華書局,1958。(簡稱《論語》)

《墨子閒詁》(不含墨經部分和《城守》以下諸篇),孫詒讓撰,中華書局,2001。(簡稱《墨子》)

《晏子春秋集釋》,吴則虞撰,中華書局,1982。(簡稱《晏》)

《孟子譯注》,楊伯峻撰,中華書局,1960。(簡稱《孟子》)

《莊子集解》,王先謙撰,中華書局,1987。(簡稱《莊》)

《荀子集解》,王先謙撰,中華書局,1988。(簡稱《荀》)

《韓非子集解》,王先慎撰,中華書局,1998。(簡稱《韓》)

《吕氏春秋校釋》,陳奇猷撰,學林出版社,1984。(簡稱《吕》)

《戰國策》,齊魯書社,2005。

《史記》,中華書局,1959。

《論衡校釋(附劉盼遂集解)》,黄暉撰,中華書局,2006。(簡稱《論衡》)

《搜神記》,汪紹楹撰,中華書局,1979。(簡稱《搜》)

《世説新語》,余嘉錫撰,中華書局,1983。(簡稱《世》)

中華電子佛典協會創建的 CBETA 電子資料庫。

參考文獻

陳年福《甲骨文動詞詞彙研究》,成都:巴蜀書社,2001 年。

仇偉《不及物運動動詞帶處所賓語構式的認知研究》,《四川外語學院學報》2006 年第 6 期。

崔達送《中古漢語位移動詞研究》,合肥:安徽大學出版社,2005 年。

董志翹《再論"進"對"入"的歷時替換》,《中國語文》1998 年第 2 期。

方平權《關於介詞"於"由先秦到漢發展變化的兩種結論》,《古漢語研究》2000 年第 2 期。

甘露《甲骨文數量、方所範疇研究》,西南師範大學 2001 年碩士論文。

何樂士《左傳的介詞"于"和"於"》,收於《左傳虛詞研究》,北京:商務印書館,2004 年。

何樂士《史記語法特點研究》,北京:商務印書館,2007 年。

胡敕瑞《"去"之"往去"義的產生過程》,《中國語文》2006 年第 6 期。

華建光《中古漢語"V 位移+O 終點"格式的產生機制》,收於《第四屆漢語史研討會暨第七屆中古漢語國際學術研討會論文集》,北京語言大學,2009 年。

華建光《位移動詞"至""往"的及物化過程及其機制》,《語言科學》2010年第2期。

黄錦章《移動動詞與上古漢語的類型學特徵》,《華東師範大學學報》2008年第1期。

黄婉梅《〈論語〉中的介詞"於"》,《安徽師範大學學報》(人文社會科學版)2006年第4期。

黄易青《上古漢語同源詞意義系統研究》,北京:商務印書館,2007年。

李崇興《處所詞發展的歷史考察》,載胡竹安、楊耐思、蔣紹愚主編《近代漢語研究》,北京:商務印書館,1992年。

李圃主編《古文字詁林》第二册,上海:上海教育出版社,2000年。

李宗江《"進"對"入"的歷時替换》,《中國語文》1997年第3期。

李宗江《關於〈"進"對"入"的歷時替换〉的幾個問題——答董志翹先生》,見《漢語常用詞演變研究》,上海:漢語大詞典出版社,1999年。

劉麗川、張衛東《説介詞"自"(之一)》,《深圳大學學報》(人文社科版)1987年第3期。

劉鈞傑《同源字典補》,北京:商務印書館,1999年。

馬貝加《近代漢語介詞》,北京:中華書局,2002年。

馬雲霞《漢語路徑動詞的演變與位移事件的表達》,北京:中央民族大學出版社,2008年。

馬小成等《"介詞+方位詞"作狀語時介詞隱現情況的歷時考察》,《法制與社會》2008年第5期。

潘玉坤《西周金文語序研究》,上海:華東師範大學出版社,2005年。

齊滬揚《現代漢語空間問題研究》,上海:學林出版社,

1998 年。

邵永海《從〈左傳〉和〈史記〉看上古漢語的雙賓語結構及其發展》，載嚴家炎、袁行霈編《綴玉集》，北京：北京大學出版社，1990 年。

史冬青《先秦至魏晉時期方所介詞研究》，濟南：齊魯書社，2009 年。

蘇培成《"度"與"渡"的區分——兼談度字的空間義》，《語文建設》2002 年第 4 期。

譚代龍《義净譯經身體運動概念場辭彙系統及其演變研究》，北京：語文出版社，2008 年。

汪維輝《東漢-隋常用詞演變研究》，南京：南京大學出版社，2000 年。

汪維輝《漢魏六朝"進"字使用情況考察——對〈"進"對"入"的歷時替换〉一文的幾點補正》，《南京大學學報》2001 年第 2 期。

汪維輝《東漢-隋常用詞演變研究》（修訂本），北京：商務印書館，2017 年。

王國栓《"去"從離義到往義的變化試析》，《語言學論叢》（第 27 輯），北京：商務印書館，2003 年。

王鴻賓《介詞"自/從"歷時考》，《上海師範大學學報》2007 年第 1 期。

王力《同源字典》，北京：商務印書館，1982 年。

王力《漢語語法史》，北京：商務印書館，2003 年。

王文耀《簡明金文詞典》，上海：上海辭書出版社，1998 年。

王政白《古漢語同義詞辨析》，合肥：黄山書社，1992 年。

徐中舒主編《甲骨文字典》，成都：四川辭書出版社，1990 年。

楊逢彬《殷墟甲骨刻辭詞類研究》，廣州：花城出版社，2003 年。

楊克定《從〈世説新語〉〈搜神記〉等書看魏晉時期動詞"來""去"語義表達和語法功能的特點》,載程湘清主編《魏晉南北朝漢語研究》,濟南:山東教育出版社,1992 年。

殷國光《吕氏春秋詞類研究》,北京:商務印書館,2008 年。

張博《漢語同族詞的系統性與驗證方法》,北京:商務印書館,2006 年。

張赬《漢語介詞詞組詞序的歷史演變》,北京:北京語言文化大學,2002 年。

張静《先秦漢語方位詞研究》,西南師範大學 2005 年碩士論文。

張希峰《漢語詞族續考》,成都:巴蜀書社,2000 年。

張玉金《甲骨文語法學》,上海:學林出版社,2001 年。

趙誠《甲骨文簡明詞典——卜辭分類讀本》,北京:中華書局,2009 年。

朱歧祥《殷墟甲骨文字通釋稿》,臺北:文史哲出版社,1989 年。

朱習文《甲骨文運動動詞研究》,載喻遂生、毛遠明主編《語言文史論集》,重慶:西南師範大學出版社,2000 年。

朱習文《甲骨文位移動詞句型結構》,《語言研究》2004 年第 1 期。

宗福邦等主編《故訓匯纂》,北京:商務印書館,2004 年。

Aske, J. 1989. Path Predicates in English and Spanish: a Closer Look. Proceedings of the Fifteenth Annual Meeting of the Berkeley Lingusitics Society. Berkeley, CA: Berkeley Linguistics Society, pp. 1 - 14.

Chen, L. 2005. The Acquisition and Use of Motion Event Expressions in Chinese. Ph. D. dissertation, University of

Louisiana.

Choi, S. and Bowerman M. 1991. Learning to Express Motion Events in English and Korean: The Influence of Language-Specific Lexicalization Patterns. Cognition, 41, pp. 83 - 121.

Chu, C. 2004. Event Conceptualization and Grammatical Realization: The Case of Motion in Mandarin Chinese. Ph. D. dissertation, University of Hawaii.

Mak, B. S. K. and Vera, A. H. 1999. The Role of Motion in Children's Categorization of Objects. Cognition, 71, pp. B11 - B21.

Miriam van Staden et al. 2006. Some Properties of Spatial Description in Dutch. In Levinson, S. C. and Wilkins (eds.) Grammar of Space (pp. 475 - 511). Cambridge: Cambridge University Press.

Poizner, H., Fok, A. and Bellugi, U. 1989. Motion Events in Language and Cognition: The Interplay Between Perception of Language and Perception of Motion. Language Sciences, Vol. 11, 3, pp. 267 - 287.

Rakison, D. H. 2005. Developing Knowledge of Objects' motion Properties in Infancy. Cognition, 96, pp. 183 - 214.

Rissanen, M. 2002. Syntax. In Lass, R. (ed.). The Cambridge History of the English Language (Vol. Ⅲ). Beijing: Peking University Press.

Gennari, S. P., Sloman S. A., Malt, B. C. and Fitch W. T. 2002. Motion Event in Language and Cognition. Cognition, 83, pp. 49 - 79.

Johnson, M. 1987. The Body in the Mind: The Bodily Basis of Meaning, Imagination, and Reason. Chicago: University of Chicago Press.

Kaschak, M. P. et. al. 2005. Perception of Motion Affects Language Processing. Cognition, 94, pp. B79 - 89.

Levinson, S. C., Kita, S., Haun, D. B. M. and Rasch, B. H. 2003. Spatial Language and Cognition. Cambridge: Cambridge University Press.

Levinson, S. C. and Wilkins, D. P. 2006. Grammar of Space. Cambridge: Cambridge University Press.

Schulman, B. W. 2004. A Crosslingusitic Investigation of the Speech-gesture Relationship in Motion Event Descriptions. Ph. D. dissertation, University of Chicago.

Slobin, D. I. 1996. Two Ways to Travel: Verbs of Motion in English and Spanish. In Grammatical Constructions: Their Form and Meaning, edited by Shibatani, M. and Thompson, S. A. Oxford: Clarendon Press, pp. 195 - 221.

Talmy, L. 1985. Lexicalization Patterns: Semantic Structure in Lxcical Forms. In Language Typology and Syntactic Description(Vol. 3): Grammatical Categories and the Lexicon, edited by Timothy Shopen. Cambridge: Cambridge University Press.

Talmy, L. 2000. Toward a Cognitive Semantics. 2 vols. Cambridge, MA: MIT Press.

Vyvyan, Evans and Melanie, Green. 2006. Cognitive Linguistics: An Introduction. Edinburgh: Edinburgh University Press.

Zheng Mingyu and Goldin-Meadow S. 2002. Thought Before Language: How Deaf and Hearing Children Express Motion Events Across Cultures. Cognition, 85, pp. 145 – 175.

Abstract(英文摘要)

This book, based on Talmy's (2000) "Figure-Ground-Move-Path" formulation of motion events, describes and analyses the lexicalization pattern of motion events in Old Chinese, in order to study the following two questions: to which type of lexicalization Old Chinese belongs, and whether there was a diachronic shift in its pattern.

Specifically speaking, this book is structured into two parts in addition to an introduction and a conclusion. Its first part, Chapters 1 - 3, synchronically describes the lexicalization pattern of motion events in Old Chinese, by employing a corpus of 14 transmitted Old Chinese texts. The first two chapters offer a survey on the encoding of motion words on the lexical surface, while Chapter 3 examines the syntactic realization of arguments in motion events. The results show that Talmy's early classification of manner-type, path-type, and figure-type languages is not applicable to Old Chinese, since there are many verbs encoding both PATH and MANNER. Instead, Old Chinese is more coherent with his late theory on verb-framed and satellite-framed languages, as PATH is mainly encoded by the main verb of the clause in Old Chinese, and thus it is classified as a verb-framed language.

As the second part, Chapter 4, diachronically analyses the major changes of the lexicalization pattern of motion events into Middle Chinese, covers both lexical semantics and syntactic surfaces as well. On the one hand, sections 4.1 and 4.2 illustrate the process of lexical changes of motion verbs the with a case study on *qu* 去 and *jin* 進 respectively; On the other hand, section 4.3 analyses the syntactic change (or more specifically, transitivization) of motion verbs exemplified by *zhi* 至 and *wang* 往, and section 4.4 examines the frequency and obligatory of locative postpositions. This part demonstrates a significant change in the expression of PATH that the motion verbs as main verb of the clause in Old Chinese was replaced by prepositions, postpositions, and motion verbs as complement in Middle Chinese. Therefore, it is concluded that there was a shift from verb-framed language in Old Chinese to satellite-framed in Middle Chinese.

However, the shift can be interpreted as a facet of the interaction of lexical semantics and syntax, in consistence with the semantic change of motion verbs (Chapters 1 - 2). In semantics, the lexicalization pattern of motion events became more opaque in motion verbs, leading to the increasing complexity of syntactic association. In syntax, the development of serial verb constructions has, in turn, resulted in the grammaticalizations from manner verbs to adverbs, from preceding path verbs to prepositions, and from following path verbs to complements and further particles. Instead of path verbs, COMFIGURATION and VECTOR were then expressed by locative postpositions and special prepositions, which thus contributes to their frequent use in Middle Chinese.

Keywords: Motion events; lexicalization patterns; lexical semantics; syntax; path verbs; manner verbs